プリンセス・マーケティング

「女性」の購買意欲をかき立てる7つの大原則

セールスコピーライター
谷本理恵子

エムディエヌコーポレーション

はじめに

あなたのビジネスは、女性だけがターゲットですか？　それとも、男性と女性の両方のお客様がいらっしゃるでしょうか？　もしくは、男性だけが対象のビジネスですか？

女性の購買心理を解き明かすことに挑戦したこの本は、実は、そのどなたにも使っていただける内容です。というのも、女性特有の心理を説明するには、当然「男性は」「女性は」と、比較しながら話を進めなくてはいけません。ですから、読み進めていただくほどに、どういう要素を見せれば、より男性に売れやすくなるのかも、必然的にわかるようになるからです。

この本の内容は、私がこれまでセールスコピーライターとして、たくさんの女性にリアルな気持ちを直接インタビューさせていただく中で知り、また「女性に売れる見せ方」を追求するためにしばしば使ってきた実体験に根ざした手法です。そして、他の方にとっても、再現性が高いことが証明され続けている理論でもあります。もちろん、ことさらに性差だけを強調する意図はありません。

男性と女性では、考え方や行動が違っているというのは、多くの人が薄々気づいてはいても、ビジネスの現場で大々的に述べること自体、長年タブー視されてきたように思います。男女不平等な社会構造を変えるために、女性たちは「男性と同じ」ことを強調して、権利を手にしていくより他なかった以上、当然です。

しかしながら、権利としての「平等」を目指すことと、もともと存在する性差を無視して、すべて「同じ」という幻想に囚われることは違います。

セミナーや講演では、女性なら誰でもハッキリと好き嫌いが分かれる2枚の写真をお見せすることがあります。残念ながら、男性の参加者は、ほぼ１００％「違い」を見分けられません。呆然とする男性たちをよそに、女性たちは大爆笑。さっぱりわからない男性がお隣の女性に「これ、本当にそうなの?」とこっそり聞いて、あっさり「そうよ!」と言われ、さらに頭を抱える場面も珍しくありません。

実際には、それくらいに大きな違いがあるのです。ですから、特に「女性」をターゲットにしたビジネスをされているのであれば、これまで男性中心で考えられてきたマーケティングの常識を少し疑ってみると同時に、もっと「女性に特有の心の動き」について、敏感になっていただければと思います。

それに、大きく捉えるなら、商品企画もブランド構築も販売促進も、すべての企業活動は「顧客コミュニケーション」の一種と考えることができます。特に、昨今のマーケティング戦略は、あらゆる「顧客との接点」をいかに最適化するかという文脈で語られることが多く、広く「コミュニケーション」の質と量で捉えようとする試みも増えているのですから、「恋愛コミュニケーション」のジャンルで意識されている「感情」や「行動」の違いと同様に、これからは、男性と女性の「購買心理の違い」をしっかり理解し、積極的に活用していくべきでしょう。

なお、説明の性質上「多くの男性は」とか「ほとんどの女性は」などと、型にはめて解説せざるをえないのですが、実は、誰もが両方の要素を持っています。ですから、すべての人に必ず当てはまると言うつもりは毛頭ありません。ただ、すべての「顧客との接点」を最適化する大前提は、本当の意味で「お客様をよく知る」ことにある以上、実際のお客様の傾向を知るための一助として、また販売戦略を考えるための叩き台の一つとして、使っていただければ、きっとお役に立てるのではないかと思います。

おかげさまで、はじめて「女性＝姫」だという「プリンセス・マーケティング」論を著した私の1冊目の本『ネットで「女性」に売る』は、多方面で非常にご好評をいただきました。今回、改めて「男性のストーリーと女性のストーリーは、どう違うのか」という、より突っ込んだ内容をお伝えできることを、とても光栄に思います。前著に引き続き、抽象論ではなくできるだけすぐに使っていただける本を目指しました。何か一つでも、あなたのビジネスの発展のヒントになれば、幸いです。

２０１９年３月

株式会社グローアップマーケティング

代表取締役　谷本理恵子

はじめに …… 3

大原則 1
女性と男性では、求めている「ストーリー」が違う …… 12

Rule 01 ヒーローが名誉や財宝を勝ち取る物語に女性の「感情」は揺さぶられない …… 16
Rule 02 シンデレラは「お城にいる自分」を「本来のワタシ」と思っている …… 20
Rule 03 女性が見つめる鏡の中には何が映っているの？ …… 26
Rule 04 本当は女性も、自分の抱える問題になんとなく気がついている …… 30
Rule 05 「お姫様」は歳をとるのか？ …… 34

大原則2 女性と男性では、登場人物の「設定」が違う　40

Rule 06 不満の正体は自分でもわからないが、「新しい自分」をあきらめ切れない　44
Rule 07 主人公が冒険へと旅立つ「きっかけ」になる人物の役割　48
Rule 08 「敵」はどこからやって来て、主人公はどう戦うのか？　52
Rule 09 女性の主人公にとっての仲間は、「感情を共有」してくれる存在　56

大原則3 女性と男性では、主人公の「モチベーション」が違う　60

Rule 10 女性たちの興味・関心は、自分の「内側」にある　64
Rule 11 なぜ、ネイルアートの装飾はどんどんエスカレートするのか？　68
Rule 12 女性は他人と比べて、競い合っているわけではない　72

Rule 13 売り込まなくても「自然に売れる」ようにするには？ 76
Rule 14 女性たちが感じる「罪悪感」の正体 80
Rule 15 「子供のため」より「自分自身の満足」のほうが強い感情 83

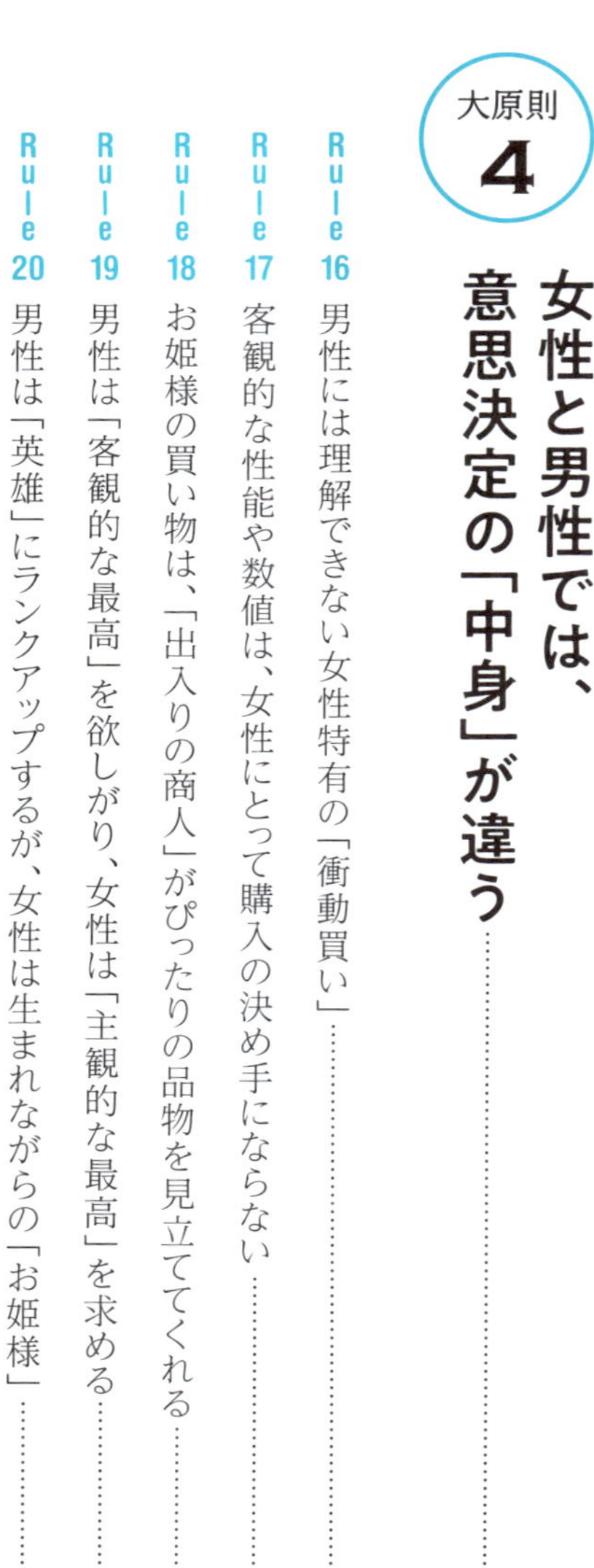

大原則4 女性と男性では、意思決定の「中身」が違う 88
Rule 16 男性には理解できない女性特有の「衝動買い」 92
Rule 17 客観的な性能や数値は、女性にとって購入の決め手にならない 97
Rule 18 お姫様の買い物は、「出入りの商人」がぴったりの品物を見立ててくれる 102
Rule 19 男性は「客観的な最高」を欲しがり、女性は「主観的な最高」を求める 107
Rule 20 男性は「英雄」にランクアップするが、女性は生まれながらの「お姫様」 112

大原則5 女性と男性では、何を「信じる」かが違う …… 116

Rule 21 第一印象で感じた「ときめき」が本物なのか、確信を得たい …… 120
Rule 22 「私にわかりやすく」説明できる人を、女性は信頼する …… 124
Rule 23 感覚的・体感的に理解して、「わかった気分」になる女性 …… 128
Rule 24 売り手は客観的な立場と視点から、「あなたにピッタリ」を提案する …… 132
Rule 25 一目で結論がわかる表やグラフなら、購買の後押しになる …… 136

大原則6 女性と男性では、「関係性」の築き方が違う …… 140

Rule 26 少しずつ親しくなって、「私たち」の価値観を共有する …… 144
Rule 27 悩みや問題を「他人事」として伝え、遠回しに気づいてもらう …… 148

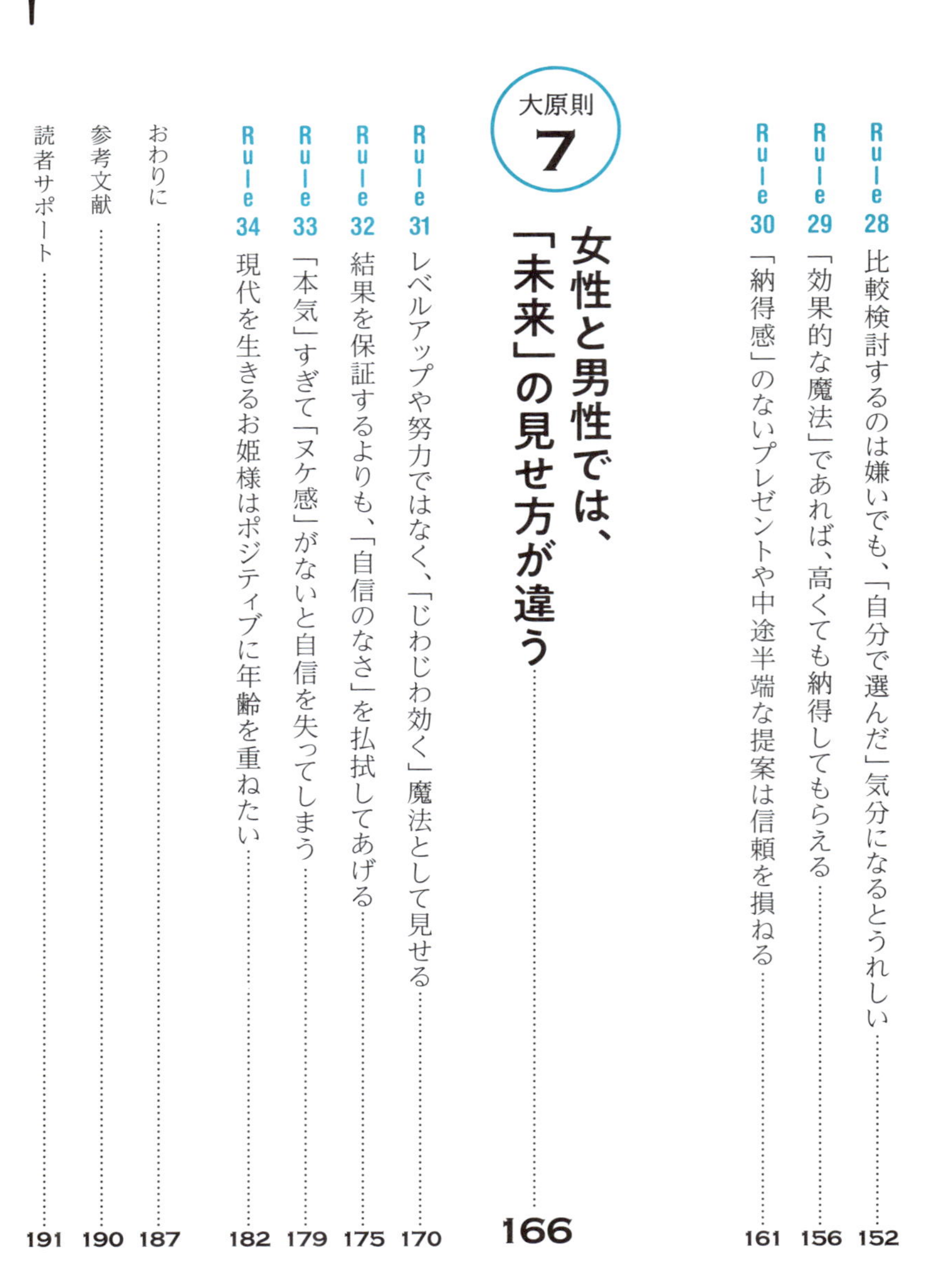

Rule 28 比較検討するのは嫌いでも、「自分で選んだ」気分になるとうれしい …… 152
Rule 29 「効果的な魔法」であれば、高くても納得してもらえる …… 156
Rule 30 「納得感」のないプレゼントや中途半端な提案は信頼を損ねる …… 161

大原則 7 女性と男性では、「未来」の見せ方が違う …… 166

Rule 31 レベルアップや努力ではなく、「じわじわ効く」魔法として見せる …… 170
Rule 32 結果を保証するよりも、「自信のなさ」を払拭してあげる …… 175
Rule 33 「本気」すぎて「ヌケ感」がないと自信を失ってしまう …… 179
Rule 34 現代を生きるお姫様はポジティブに年齢を重ねたい …… 182

おわりに …… 187
参考文献 …… 190
読者サポート …… 191

お客様の「気持ち」に沿って伝えるからこそ、売れる！

☞大原則

1

”は、求めている

ー」が違う

女性

「プリンセス・ストーリー」

新しい世界で
“自分らしく”
生きたい

“

女性と男性で「ストーリ

男性

「ヒーロー・ストーリー」

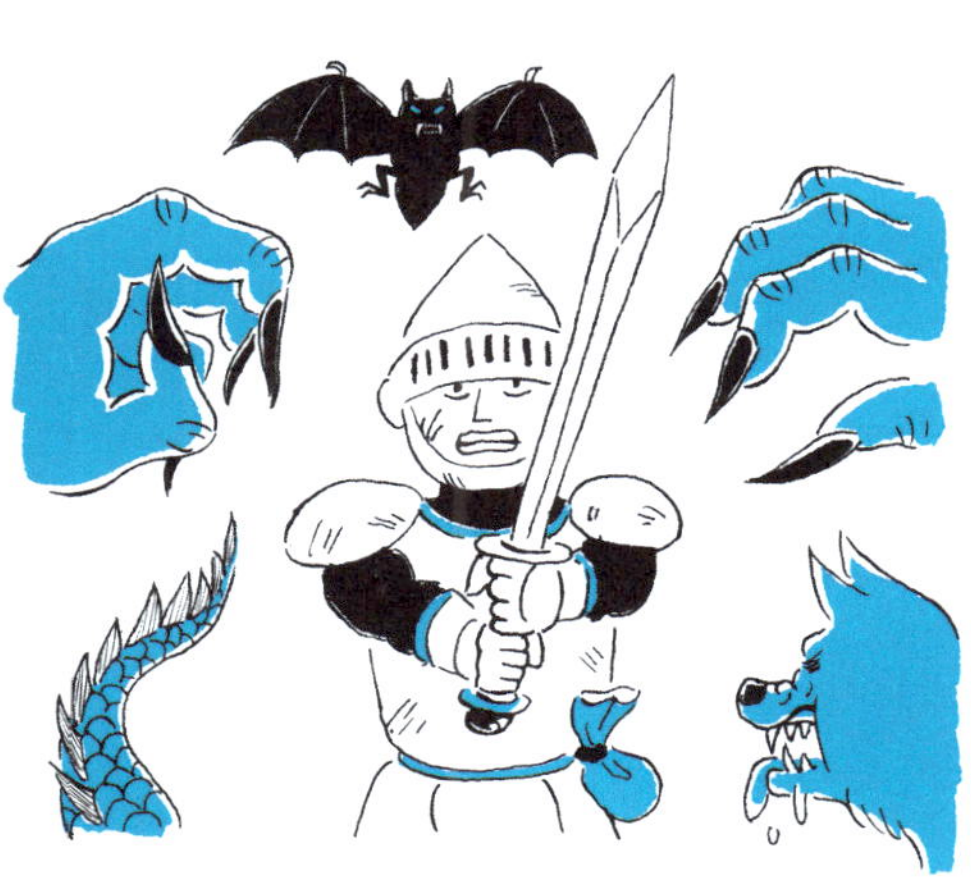

冒険の中で
成長して
英雄になりたい

人の感情は、論理的な説明だけではほとんど動きませんが、「物語」の主人公に、心が揺さぶられ、触発されることはよくあります。**先に気持ちが動くからこそ行動が起こる**のです。そのため、いきなり商品やサービスを説明しても、さっぱり興味を持ってもらえない場合によく使われる販売手法のひとつが「**ストーリー**」です。**「読み物」としてのおもしろさ**に引きつけられて読み進めるうちに「潜在的に抱えている問題」を自覚し、自然と商品やサービスを「欲しい」気持ちになってしまう。健康食品のテレビ通販によくある、ドキュメンタリー調の愛用者の声などは典型的です。

物語には、人を動かす力がある

事実、「ストーリー」を使えば、物語の中で、商品やサービスの効果効能を「疑似的に体験」してもらうことも、その物語から得られる「教訓」をごく自然に受け入れてもらうこともできます。「ストーリー」には、**その人が信じている「前提」を変えるパワー**があるのです。だからこそ「今すぐの行動（例えば、資料請求をして欲しい、電話をして欲しい、問い合わせをして欲しい、購入ボタンを押して欲しいなど）」を要求する「売るための文章」では、より「感情」を動かしやすいアピール方法の一つとして以前から「ストーリー」が使われ続けています。そして、そんな「ストーリー」の活用方法を指南する本も、マーケティングやセールスライティング、プレゼンテーションに関するものまでたくさん出ているのです。

女性は英雄になど、なりたくない

ところが、これまで解説されてきた「ストーリー」は、**「男性が主人公」の「ヒーロー物語」**を扱うものばかり。もちろん、女性も「ヒーロー物語」が嫌いなわけではありませんが、もしハリウッド映画に代表される「ヒーロー物語」の主人公に、そのまま女性をもってきて、はたして同じ話が成立するでしょうか。主人公の性別が変われば、まったく違う場面で悩み、異なる行動を取っていくと思いませんか。

例えば、「ヒーロー物語」では、男性の主人公は「古い秩序や価値観の象徴である怪物」と戦い、世界を救うことが多いのですが、多くの女性は「世界を救う英雄になりたい」という野望を持っていません。「武者修行の後に、お姫様との結婚というご褒美が待っている」物語をなんとか女性に当てはめようとしても、どうしても無理があります。百歩譲って「同じ結末」を目指す物語にできたとしても、ディテールはまったく違ってくるはずでは？ この素朴な疑問が、「プリンセス・マーケティング」のすべてのはじまりです。

では、女性たちが心から共感し、素直に感情移入できる物語とは、どんなストーリーなのでしょうか。男性の物語のように「死の恐怖を克服し、困難に打ち勝って、愛する者を守る」話ではないなら、「女性が主人公」の物語を改めてマーケティング視点で分析し直すことが必要でしょう。

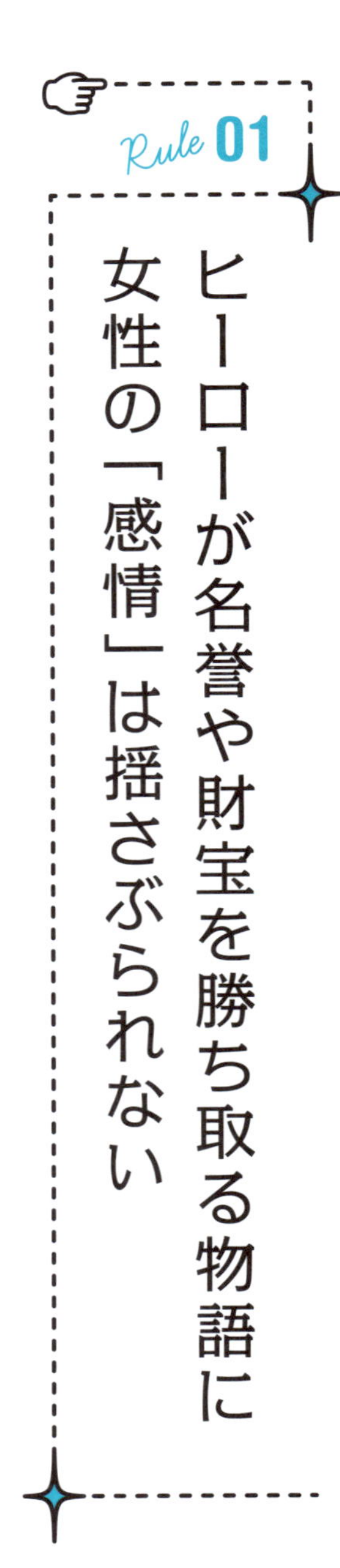

Rule 01 ヒーローが名誉や財宝を勝ち取る物語に女性の「感情」は揺さぶられない

「ヒーロー物語」に出てくるヒロインは、男性が憧れる「幻の女性像」に過ぎません。ヒロインが旅のきっかけや目的地として登場するものの、「生身の女性」として設定されていないのは、少年漫画に出てくる憧れの女性も少女漫画に出てくる夢の男性も、現実感がないキャラクターになっているのと同様です。では、「女性が主人公」の物語では、いったい何が違っているのでしょうか。

女性が主人公の物語の典型は「プリンセス・ストーリー」

男性たちが、ハリウッド映画やロールプレイングゲームの「ヒーロー・ストーリー」に熱狂する一方で、女性たちが支持する「女性が主人公」の典型的な物語として世界中で知られているのは、ディズニー映画に代表される「プリンセス・ストーリー」でしょう。

「男性が主人公」の物語では、平凡だった主人公が自分の使命を自覚し、同じ志を持つ仲間とともに、試練をくぐり抜けて成長していきます。勇敢な戦士として怪物と戦い、古い秩序や価値観を壊して新しい秩序を打ち立て、世界を救うのです。凱旋を果たした英雄は、多くの人々に称賛され、名誉や財宝を手に入れます。ゴールとなるお城では「ご褒美」として美しい姫が待っているのが典型的なこの展開は『桃太郎』の鬼退治にも『スターウォーズ』にも当てはまる、普遍的な流れといえます。

一方、「女性が主人公」の物語では、**今いる場所に漠然とした「違和感」**を感じている主人公が、何かのきっかけで「自分が何者であるか」に気づき始めるところからスタートします。冒険や戦いを迫られたとしても、それは過去の暮らしを捨て**「自分が本来、当然いるべき」**だと感じる「新しい世界」で生きるまでの個人的な旅に過ぎません。

自信を持って活き活きと輝く「新しい自分」になって「これまでの延長上にはない未来」を生きはじめること自体がゴールなので、「ご褒美」としての名誉や財宝はないのが普通です。他人からの評価は必要ありません。**「自分らしさ」を取り戻し、「自己充足」する**ことこそが究極の目的なのです。そのため、ヒーローのように名を上げて故郷に戻ることもありません。物語の結末は、『シンデレラ』や『人魚姫』のように、これまで生きてきた世界から断絶された「新しい世界」に行ったっきり。もしくは、『アナと雪の女王』のように、戻った世界自体が、次元が一つ上がった「新しい世界」に変化しているため、これまでの延長上ではない「自分らしい暮らし」が新たにはじまります。

図1 男性と女性のストーリー展開の違い

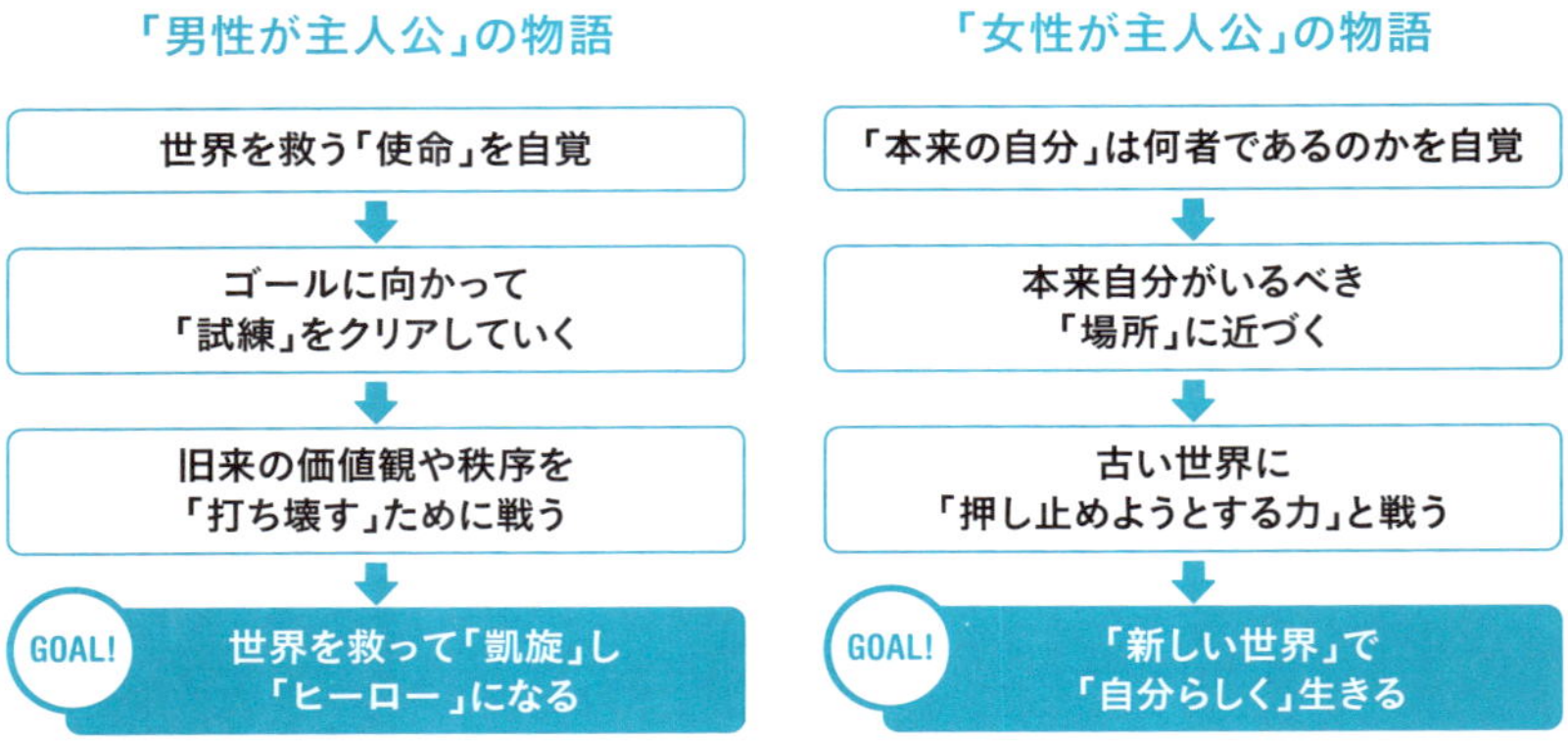

「男性が主人公」の物語	「女性が主人公」の物語
世界を救う「使命」を自覚	「本来の自分」は何者であるのかを自覚
↓	↓
ゴールに向かって「試練」をクリアしていく	本来自分がいるべき「場所」に近づく
↓	↓
旧来の価値観や秩序を「打ち壊す」ために戦う	古い世界に「押し止めようとする力」と戦う
↓	↓
GOAL! 世界を救って「凱旋」し「ヒーロー」になる	GOAL! 「新しい世界」で「自分らしく」生きる

いずれにせよ、主人公の女性が「これまでの自分」のあり方に違和感を感じ、**「自分らしい生き方」を探し始める内面の冒険**が、目に見える形に現れているのが「プリンセス・ストーリー」なのです 図1。

本質的な違いを「売る」に応用するには

「冒険物語」という大枠で捉えてしまうと「主人公が旅に出る」という似たような展開に思えるかもしれませんが、男性と女性の売り方やマーケティング手法の違いを考える上で、私たちが、特に注意すべきは、それぞれの「物語の結末」です。というのも、主人公たちが「得たい結果」が「自分の商品やサービス」とイコール関係になる「ストーリー」を語る必要があるからです。

もし、表面的には同じ行動に見えていても、男性と女性とで「よし、やるぞ!」とモチベーションが上がるポイントが違うなら、どのように商品を提案すれば

「感情のスイッチ」が動くのかも異なります。つまり、それぞれが「得たい感情」に合わせて見せ方を変える必要があるのです。

男性と女性それぞれの物語のもっとも大きな違いは、何かを成し遂げて**「自分以外の人から評価される」必要があるのかどうか**にあるといえます。男性の主人公の冒険のゴールが「富や名声、権威」であるのに対し、女性の主人公が旅をしながら得ているのは「自分自身の完全性」です。彼女たちの目的は**「本来の自分らしさ」を取り戻す**ことにあります。

早い話が、男性は「モテたい」から試練に耐え、女性は「自己満足」を求めて新しい世界に旅立つのですから、男性に対しては「客観的な評価」が得られること（モテる、昇進する、あいつを見返せるなど）を訴求し、女性に対しては「自己満足」の方向性（私らしい、自信が持てる、ていねいな暮らしなど）に訴求していくほうが、より売れる可能性が高くなります。

実践的まとめ

男性には、現在の延長にある輝かしい未来を手に入れる手段を。女性には、これまでの運命を変える主観的な満足を提案するストーリーを語ると響きます。

シンデレラは「お城にいる自分」を「本来のワタシ」と思っている

なぜ「男性が主人公」の物語と「女性が主人公」の物語とでは、主人公たちが求めるゴールが異なっているのでしょうか。結末の違いが「ストーリー」全体に影響を及ぼす以上、そもそも男性と女性の違いがどこから生まれているのかを知っていると、より理解がしやすくなります。

女性は本気で自分を「プリンセス」だと信じている

主人公の性別によってストーリー展開が異なる根本的な原因は、女性と男性で「現状認識」が、まったく逆になっていることにあります。男性が「現実を正しく反映」した自分を認識しているのに対して、多くの女性たちは「**今の自分は、仮の姿だ**」と感じています。目の前に存在している「現実」を直視せず「本来の自分はもっと素敵なはずなのに、今の状態は何かが間違っている」と思っているのです。

例えて言うなら、シンデレラがお城の舞踏会に行けず、家で一人掃除をしているときの感覚と同じです。シンデレラは「私は本来お城にいて当然なのに、何かがおかしい」と嘆いているのであって、今のこの惨めな現実をかみしめ、いつか自力でお城に行くために研鑽を積もうと考えたりはしません。なぜなら、「お城にいる自分」こそがリアルだと感じ、**「今のみじめな姿」こそがフィクション**だと無意識的に考えている以上、「お城にいる自分」は苦労して「勝ち取るもの」ではないからです。元の「正しい状態に戻る」のに努力が必要だという前提など、あるはずがありません。

男性からすれば、一度も経験したことがない理想的な状態が「本来の自分」だという感覚は信じられないかもしれませんが、女性たちは、「ありえない夢」や「嘘」や「フィクション」を無理に信じ込もうとしているのでも、一時的な「幻想」に捕らわれているのでもありません。本気で「今ここにない真実の姿」に「リアルな手応え」を感じているのです。

女性たちは「悩む」必要がない

女性たちが、男性とは異なる「現状認識」を持っているならば、当然、何を語れば「欲しい」と感じるのかも違ってくることになります。**物語の前提となる「設定」がまったく変わってくる**からです。

この感覚は、今この瞬間に、あなた自身が呪いで「ガマガエルの姿に変えられてしまった」状況を考えてみると少しわかりやすくなるかもしれません。

何の前触れもなく、外見が大きく変わって、二足歩行ができなくなったとしても、あなたの自己認識は「カエル」ではありませんよね。「今はこんな姿でも、私は人間だ」と思っているはずです。誰かが、あなたのことを「ガマガエルだ」と言って嘲笑おうと関係ありません。これは「仮の姿」にすぎないのです。呪いが解ければ、また一瞬で「元の人間の姿」に戻り、すべてが解決するのですから、「ガマガエル」である現実を直視させようと悩みを掘り下げ脅されても、まったく響きません。幻に過ぎない今の状況で、些細な問題にいちいち悩む必要などないのです。

そもそも呪いにかかるのが一瞬の出来事だったなら、呪いが解けるのも瞬時に起こるはず。コツコツ努力したら、少しずつ人間に戻れるという類の話ではありません。であるならば、**何かの「キッカケ」**さえあれば、簡単に元の「完璧な世界」に戻ることができると思うのは、きわめて自然なことです。

それと同じように、リアルな世界を虚構だと感じている女性にとって、今の悩みはすべて「フィクションの世界の問題」にすぎません。男性なら、今直面している「現実の問題」を具体的に「解決」しなければならないと考えるところですが、女性にとっては、今ある「すべての問題」は「本来の自分」を取り戻しさえすれば、一瞬で消え去ってしまうはずの「幻」です。つまり、女性には、そもそも**「悩んでいるはずだ」という前提が通用しません**。端から見れば「悩んでいるに違いない」と思える深刻な状況にあったとしても、本人にとってはさっぱり現実感がないままなのです。

図1 主人公に「呼びかける言葉」の違い

「ヒーロー型ストーリー」の場合

目覚めなさい。あなたは、世界を救うヒーローです。
どんなに困難であっても、あなたなら、必ず乗り越えられます。
あなたは世界を救う使命をもって、選ばれし者だからです。
すべての課題をクリアして、宝をもって帰還するのです。
たくさんの人があなたに心から感謝し、
あなたは最高の名誉を手に入れることになるでしょう。

「本来の自分を取り戻すストーリー」の場合

さまざまな制約を「仕方がない」とあきらめ続ける必要はありません。
本来のあなたは、もっと価値のある存在なのです。
自分を偽って生き続けるのは、もうやめませんか。
あなたは、もっと自由に、キラキラと輝けるはずです。
あなたがそれに気づくだけで、もう不可能はなくなります。

一瞬で元に戻る「魔法」

すると、当然、問題解決のアプローチも変わることになります 図1 。男性の場合には、シンプルに、今現在の悩みを自覚させ、「これまでよりも能力が高くなるアイテム」や「目的達成のための近道」を提供できればいいのです。けれど、多くの女性は、何かを「新しく獲得」することに主眼を置いていません。むしろ、いつでも正常に動くことが期待されている電化製品がたまたま故障して動かなくなってしまったような感覚を持っていますので、どこか一箇所「**壊れてしまったパーツを修理すれば、元通りになる**」というようなイメージで、アプローチしていくことになります。

「今の自分は、何かがおかしい」という感覚を持っている女性たちは、いつでも「本来の自分に戻る」ことができる「魔法」を無意識的に探しているような状況にあります。だからこそ、すべてを一瞬で解決できるように思えるモノやサービスが目の前に現れると、強く惹きつけられて、買わざるをえなくなるのです。女性の「衝動買い」は、「今の生活」と「自分らしい」と感じる状況とのギャップに、常に「違和感」や「欠乏感」を感じながら暮らしているからこそ、起こることだったのです。

実践的まとめ

男女の違いを踏まえた上で、お客様が究極的に欲しい「感情」を知り、それに応じた見せ方を工夫をすれば、売上が変わります。

COLUMN

私が女性たち特有の「本来の自分」という概念に気づいたのは、女性向けダイエット商材の「使用前・使用後の写真」がきっかけでした。パッと見ただけで効果があきらかな写真を見た私は「これだけで誰もが欲しくなるのでは?」と思ったのですが、周囲の女性たちの意見はまったく違っていました。なんと「汚い、見たくない、痩せてこの程度ならいらない」と言われてしまったのです。今思えば、某有名ダイエットジムの広告モデルは、元が美人。ごく普通の人が痩せたくらいの写真では、多くの人の「本来の自分」のイメージには不足だったのでしょう。

さらに追い打ちをかけるように、すでにダイエット商材を購入しているお客様が「ちょっと体重は増えたけれど服で誤魔化せているし、がんばればすぐ痩せるから問題ない」と発言。衝撃を受けた私は、あちこちで聞き込みを続け「ダイエットが気になっているほぼすべての人には太っている自覚がなく、あまり悩んでいない」という結論にたどり着かざるを得なくなります。ここに来て、これまでの「悩み」を前提にしたマーケティングって何だったんだろう、と思うに至ったのです。

データマーケティングになじんだ方の中には、顧客の生の声や感情を深く掘り下げて聞く手法を軽視される方もいらっしゃいますが、ぜひ実際にご自身の周囲で聞いてみてください。きっとはっきりした傾向が読み取れるはずです。

Rule 03

女性が見つめる鏡の中には何が映っているの？

女性たちが「目の前にない理想的な姿」のほうに、よりリアリティを感じ、素直に「自分らしい」と納得できているとしたら、女性の目には、世界がどんな風に見えているのでしょうか。これは、多くの日本人女性とはかけ離れた容姿の「金髪の美女モデル」を起用した広告で、どうして商品が売れるのかという問題にもつながります。

醜い姿なんて、見たくない！

女性たちにとって、今置かれている状況は、単に不本意なだけではありません。「本来の自分は、こんな姿ではない」「何かがおかしい、間違っている」という**強烈な欠乏感**を持ち続け、常に現状を否定しながら生活しているなら、無意識的に「今の自分の姿」を直視しようとしないのも、当然のことでしょう。

悪い魔法で「醜いガマガエル」の姿に変えられた人間が、「カエルになってしまった今の哀れな自分の姿」を、鏡でじっくりと眺めたくないのと同じことです。できるだけ不本意な現実から目を背けることで、なんとか平静を保って毎日暮らしているのに、突然、誰かが「現実の醜い姿に目を向けるべきだ」なんて言ってきたとしたら、腹が立つと思いませんか。

だからこそ、多くの女性は、「こういう悩みがありますよね？」「こういうところに困っていませんか？」というアプローチを嫌います。自分が「悩んでいる」と認めてしまえば、**「仮の姿」であったはずの「現実」を受け入れなくてはいけなくなる**のですから。反射的に「NO！」と答えたくなるのも当然です。つまり、男性とは現状認識が真逆にある女性たちの大前提は**「私は悩んでいない。困っていない。」**なのです。

正しい現実を映さない「ゆがんだ鏡」

必然的に、女性たちが毎日見ている「鏡」には、**男性が見ているものとは違う「リアル」**が映し出されることになります。女性たちの目には「客観的な事実」が映っているのではありません。女性たちが**「主観的に真実だと感じている内容」**、つまり「本来の自分」が映し出された「ゆがんだ鏡」を見ている状態にあるのです。いわば、常に「理想の姿」が脳内合成されて投影され続けている仮想現実（バーチャル・リアリティ）の中で暮らしているようなもの。女性たちが「本来の自分」にリアリティを感じ

図1　女性の鏡には「本来の自分（主観的な真実）」が映し出されている

ることができるのは、毎日見ている「鏡」が現実離れした姿を映し出しているからだったのです 図1 。

傍目には本人とかけ離れているように思える「金髪の絶世の美女」の広告に、女性たちはまったく違和感を感じることなく、共感できます。客観的には似ても似つかないモデルだとしても、女性たちは、素直に「私らしい」と思えるのであって、ありもしない遠い世界の「理想」を追い求めているのではありません。本人にとっては、**限りなく「現実」に思える姿なのです**。

そう考えると、女性向け商材の販促物に、ターゲット層とは異なるモデルが起用されてきた理由も理解できるはずです。要するに、「欧米人モデルだと売れる」「いやアジアンビューティーなモデルのほうがよい」などという話ではないのです。モデルの人種や年齢が重要なのではありません。多くの場合、「モデルが浮かべている表情」が「お客様が憧れる感情」と重なっているかどうかが、無意識のうちに見られています。つまり、同じモデルであっても、「表情」によって使える写真と使えない写真が出てきます。そして、微妙な「表情」を見分けるのは、女性のほうが圧倒的に得意なことが多いので、注意が必要です。

あなたのお客様である女性たちが、いったい何を見れば「本来の私らしさ」を感じるのかが、すべての鍵を握ります。お客様が違和感を持たず、すんなり受け入れられるイメージを見せられるように配慮しましょう。

実践的まとめ

「ゆがんだ鏡」に、いったい何が映っているのかを知ることができれば、女性たちをグッと引きつける販促物を作ることができます。

本当は女性も、自分の抱える問題になんとなく気がついている

女性の見ている「鏡」がゆがんでいるために、「本来の自分」という幻想を無理なく信じることが可能だったとしても、女性たちが生きているのは、男性と同じ「今ここ」にある現実世界です。ならば、大きな矛盾を抱えている女性たちに、どのようにアプローチすればいいのでしょうか。

自分が抱える問題に薄々気づいてはいるが……

女性たちは、常に違和感を感じながら**「現実感がない現実社会」**を生きていますが、実は、自分の抱えている課題をまったく意識していないわけではありません。「ゆがんだ鏡」を見ていることに薄々気づいてはいても、どうしても**真正面からは「認めたくはない」事情**があるだけです。ですから、あくまで「悩んでいない」というスタンスを崩すことはなくても、やはり少しは気になっていて、情報収集のアンテナも立てているのです。

例えて言うなら、「勉強の仕方で悩んでいるでしょう？」と決めつけられると、反射的に「悩んでない！」と即答する反抗期の子供のようなもの。だらだらとゲームをしている状況を本人もマズイと思っているし、テストのことも気になっている。もっとできるはずだし、やろうと思ってはいるけれど、さっぱりやる気が起きなくてイライラ。そんな状況で、他の人に真正面からあれこれ言われるとカチンとくる、という状況に近いかもしれません。けれど、反抗期の子供でも、時と場合によって反応が変わりますよね。親に言われたら聞けない内容も、尊敬する先輩に言われたら素直に受け入れられるかもしれませんし、違うタイミングに別の言葉で話しかけられたら、すんなり納得する可能性だってあります。

つまり、本人もずっと気にはなっているのですから、**アプローチの仕方次第**。どうすれば女性たちの「気にしていることをグサグサ言うなんて、失礼じゃない！ 余計なお世話よ」「なんであんたに、言われなきゃいけないわけ？」という感情的な反発を食い止め、よりスムーズに良い関係を築けるかを考えることこそが重要なのです。

「客観的な真実」を突きつけても、意味がない

多くの男性は「悩み」を具体的に解決する手段として買い物する傾向があるので、**今の課題に対するベストな解決策**であることがストレートに提示されれば購入に至ります。けれど、多くの場合、女性たちには、同じアプローチが使えません（次ページ 図1）。

図1 商品やサービスの提示方法の違い

男性	女性
「悩み」をえぐり、問題を認識させる	「そういえば、気になっていた」を思い出させる
↓	↓
「問題を解決するベストな手段」として納得させる	とりあえず「試してみる価値があるかも」と感じさせる

例えば、ほとんどの「太めの女性たち」は「自分が太っている」とは思っていません。鏡を見るときには無意識的に「もっとも痩せて見える角度」で立ち、手首や足首などの比較的「細いパーツ」のみをピンポイントでしか見ていないので、日常生活の中で「客観的な真実」を正しく認識できる機会はそれほど多くはないのです。

「ちょっとふっくらしている」という自覚はあっても、少しがんばればすぐ戻るから問題ないと思っていたり、服でうまく誤魔化せているから他の人は気づいていないと思っている女性に、目を背けたくなるような醜い写真を見せれば、「私はここまでひどくない」と他人事としてスルーされてしまいます。それどころか「汚い、見たくない」と嫌悪感を抱き、さっぱり響かないことになりかねません。

サラリと軽く、気づかせる

もちろん、そんな女性たちにも、どうしても客観的に現状を自覚せざるをえない瞬間があるものです。例えば、何気なく

「自分が映った写真」を見て「この太った人、誰だろう」と思ったり、一目惚れしたワンピースのファスナーが試着室で上がらず愕然としたり、あるいは、昔を知っている人が集まる同窓会に出席せざるを得なかったり。けれど、薄々気づきつつも避けてきた「現実」を目の前に突きつけるより、女性にはあくまで「他人事」として軽く思い出させるだけで十分です。つまり、「私はそこまで深刻に悩んではいない」という前提を崩さないまま、「そういえば、私も、ちょっぴり気になっていた」と**「共感」できるくらいに留めるのが、ちょうどいい匙加減**。

ただし、「ダイエットは明日から」という有名なフレーズがある通り、「本来の自分」の世界を生きている女性にとって**「問題がある」という感覚は長続きしません**。ですから、一時的に「気づく」瞬間にはなりえても、決定的に「自覚」することはないのを前提に、アプローチを続けることも大切です。

実践的まとめ

スムーズに関係を築くには、女性たちが本来的に抱えている「矛盾」を刺激しないことが重要です。

「お姫様」は歳をとるのか？

多くの女性たちが持つ「今の姿は仮の姿で、本来の自分はまったく違う」という自己認識に合わせて、商品企画や販売促進の場面では、「この商品やサービスを使えば一瞬で、今の不本意な状態から、本来あるべき理想的な状態になることができますよ」と訴えかけるメッセージが響きます。けれど、その「本来の自分」とは、どういう状態を指すのでしょうか。また、年齢によって違いがあるのでしょうか。

「一般常識」が成立しない時代

ほんの数十年前までは「常識」に合わせて生きるべきだという圧力が強く存在し、多くの人が無意識的に「世間」に合わせた生き方を選んできました。例えば「20代前半で結婚退職し、子供を生んで、郊外にマイホームを持ち…」というステレオタイプな人生に、誰も何の疑いも持たなかった頃は、みんなが「常識」の範囲内におさまる生活をし、**同じような価値観を持って生きていた**のです。

それぞれの人が「この年齢ならば、こう考えるべき」という「常識」に合わせて生きていれば、世代や役割ごとに行動は似通ってくるので、「30代の女性は、こういう価値観」とか「専業主婦に特有の考え方はこう」という切り分け方（セグメント分け）も可能でした。つまり、それぞれのターゲット層がイメージする「本来の自分」の大部分が、**物理的にも共通している時代**が長く続いてきたのです。

ところが、近所付き合いが減少したことによる「世間体」の崩壊と、社会の受け止め力や柔軟性の向上によって、誰もが「常識」に合わせて生きる時代は終わりを迎えつつあります。「私は私、一般常識に合わせるつもりはない」という考え方が主流になった今、性別や年齢、職業が共通だからといって、目指す方向性が同じだとは限りません。

さらに「妻だから」「母だから」「年相応」という「役割」意識に合わせて生きるしかなかった時代も、とっくに終わっています。今後も価値観の多様化はとどまることがないでしょう。それゆえ、一般常識を前提とした条件に着眼する「世代マーケティング」や「ライフコースマーケティング」と呼ばれるやり方は通用しなくなりつつあるのです。

また、セールス・プロモーションの世界で好んで使われてきた「F1層（20歳～34歳までの女性）」「F2層（35～49歳の女性）」「F3層（50歳以上の女性）」という分類法についても、見直しが必要でしょう。なぜなら、「消費意欲が旺盛で、新しいトレンドにも敏感」だと言われてきた、かつてのF1層は、その購買意欲を保ったまま歳を重ね続けており、すでに50歳で余生を考える時代ではないこと

図1 価値観の多様化で「一般常識」は成立しなくなった

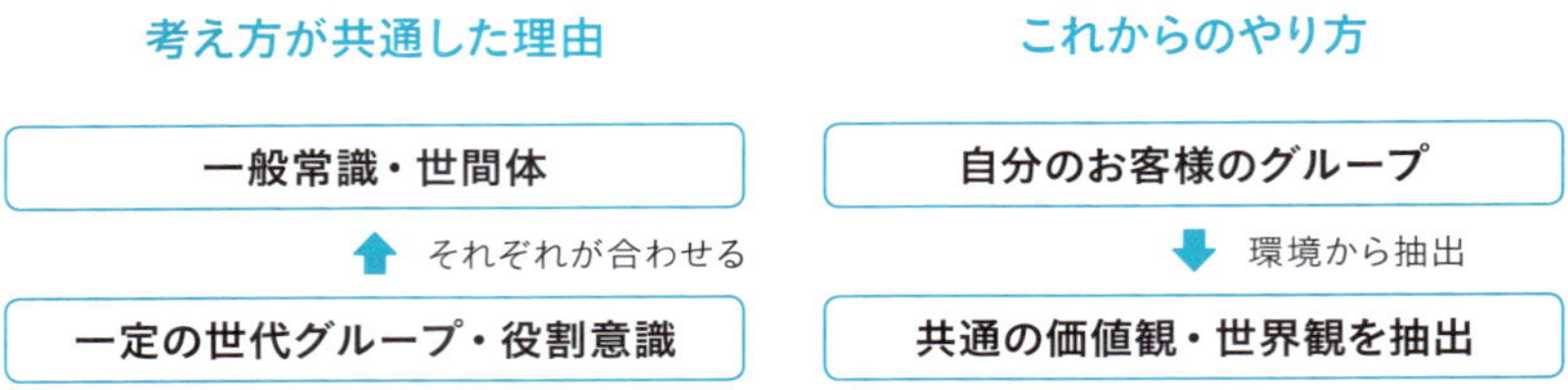

考え方が共通した理由	これからのやり方
一般常識・世間体	自分のお客様のグループ
↑ それぞれが合わせる	↓ 環境から抽出
一定の世代グループ・役割意識	共通の価値観・世界観を抽出

は明白です。もはや、年齢や社会的な役割だけで、うまく市場を捉えることは不可能な時代に、**定型的な「本来の自分」を想定しようとするなら、本質を見誤りかねません** 図1。

年齢によって変化するものの「本質」

とはいえ、もちろん、年齢によって共通する感覚もあります。例えば、「体の衰え」は、世間体や一般常識を無視したとしても、誰にでも訪れるものです。また、社会からの期待も、年齢によって変化しますし、女性を「若さ」で評価する価値観が根強い社会では、年齢によるプレッシャーも強くなりがちです。

けれど、今は必ずしも年齢にリンクしない環境要因のほうがより大きな影響を持っています。例えば、毎日ずっと思うようにならない子供といっしょに家にいて、掃除をして洗濯物をたたみ、食器を洗って、ふと気づけばまた散らかっている……と永遠に「振り出しに戻る」毎日を過ごしていれば、疲れを感じるのは、男女問わず同じはずです。社会から切り離された不安を感じる中で晩ご飯を作って待っているのに、パートナーの帰りが遅ければ、誰だってイラッとするでしょう。

「社会的な役割」が変化すれば、何を感じるのかも変わりますし、所属しているコミュニティが変われば、時間的もしくは金銭的な余裕も変わります。

ですから、年齢や職業、年収などのデモグラフィックといわれるデータが重要なわけではないのです。むしろ家で育児と家事をし続ける**「環境」が特有の「考え方のパターン」を作り出す**、と考えるほうが、より現状に即しています。その人を取り巻く「環境」が変われば、自然と「考え方」が変化し、その結果としての「行動」が変わるのです。

「普通はこうする」という「その人にとって当たり前」の判断基準は、コピーライティングの世界では「ビリーフ（信念）」と呼ばれていますが、自社のお客様に共通の「環境」から、共通の「ビリーフ」を探し出すほうがより的確に「行動」を予測できます。いわば、物理的な「30代」に意味があるのではなく**「気持ち30代」の人たち**でセグメント分けを行う感覚ともいえるでしょう。つまり、これからの時代は「年齢」を本質的な要素と捉えるのではなく、もう一歩踏み込んだ考え方が必要になります。重要なのは、**どんな「環境」がその人の「考え方」に影響を与えているか**なのです。

年齢に左右されない、生まれながらの欲求

多くの女性たちが生まれながらに持っている「本来の自分」を「取り戻したい」という根源的な欲求は、年齢によって大きく変わることはありません。ただし、お買い物という「行動」を引き起こす「感情」に「環境」が影響を与えるため、年齢によって多少のバリエーションが生まれます。

若い頃は素直に「本来の自分」を目指し、「もっと自分らしくあるために」夢中に行動し続けますが、歳を重ねて親になったり、管理職になったり、社会的地位や役割が重くのしかかってくる時期になると、自分のことは常に後回しになりがちになり、「環境」による制約がもっとも多い時期に突入します。

すると、あまりに思い通りにならない現実に次第に疲れてきて、自分でも「本来の自分」を信じられなくなりはじめるのです。「夢なんて叶わない。理想を実現するのは難しい。現実はそんなに甘くないんだ」と言い聞かせるほど、どんどん空虚な気持ちになる毎日。だからこそ、そんな「本来の自分」に現実感が持てなくなりそうな世代には**「運命を変えよう」**というメッセージが強烈に響きます。やっぱりあきらめたくない。今とはまったく違う「本来の生き方」に「もう一度羽ばたいていいんだ、チャレンジする勇気を持とう」という文脈です。

そして、さらに歳を重ね、再び自分のために時間を使うことが許される世代になると、これまでさんざん我慢や妥協を重ねてきたからこそ、**「もう一度、自分を生きよう」**という語り方に変化します。やり残したことを自由にしたい。世間の評価から卒業し、もっと私らしくありたいと願うようになるからです 図2。

いずれにせよ、女性たちに響くメッセージの根幹である**「本来の自分を取り戻す」**というストーリーは、変わることがありません。女性たちは、他者に媚びることなくいつまでも健康で元気に美しく輝き続けたいと願っているのです。ですから、この世代を超えた女性特有の心理に訴えることを意識すれば、より多くの女性のお客様により効果的にアプローチすることが可能になります。

実践的まとめ

年齢を問わず「不本意な現実」を生きているからこそ、女性のお客様には、「本来の自分を取り戻す」という文脈で語りかけることが大切です。

図2 「本来の自分を取り戻そう」の世代別バリエーション

20～34歳：もっと「自分らしく」あるために

がむしゃらに悩みもがき続けているけれど、明るい未来なんて見えない。
それでも、いつまでも可愛いだけではいられないから、恥ずかしくない大人の女性に憧れ、夢中で走り続ける。

35～59歳：運命変えよう

もう若くない、これまでと同じやり方では間に合わない、このまま終わりたくない、そろそろ何かはじめないと…と思うけれど、それが何かわからず、焦りを感じる。
あきらめかけていた夢に、もう一度、チャレンジする勇気を持ちたい。

60歳～：私を生きる

老化を感じつつも、やり残したことがまだある。
これからは人のために我慢をする人生ではなく、自分らしくもっと人生を楽しみたい。自分の軸を見直し、ていねいに自然に暮らしたい。

☞大原則

2

性では、「設定」が違う

女性

「魔法」で一気に、次元の違う世界へ

「本来の場所」に戻るのだから、努力は不要

“

女性と男
登場人物の

男性

武器や装備を増やして、
レベルアップを果たす

自分の力で
一歩ずつ
登り詰める！

人公が男性か女性かの違いは、他の登場人物たちが果たす役割や行動にも影響を与えることになります。男性と女性で、それぞれが無意識的に求めている「理想の物語」が違った展開を見せるからです。

他の登場人物の「設定」が異なる

男性の主人公は、実力を蓄えて理想を勝ち取っていく世界に住んでいるので、次々と現れる試練を攻略しながら常に前へと進み、より広い世界を目指すことが大前提。「自分で一歩ずつ登らなければいけない階段」が目の前にあるようなものです。そのため、冒険を共にする仲間たちも、それぞれが持つ戦闘力で**戦いに貢献し、経験値を積んでレベルを上げていく**ことが求められています。

けれど、女性の主人公は、あくまで「本来の自分」に「戻る」だけ。ですから、そもそも目の前に自分が登らなければならない「階段」があるという前提がありません。いくら自分でコツコツ努力してレベルアップを図ったとしても、**今走っているレールの先には欲しい未来がない**のです。「正しい世界」に戻る唯一の方法は、今の「仮の姿」に惑わされず、自分の「本来あるべき真の姿」をどれくらい強く信じられるかにかかっています。仲間たちはいっしょに戦うというよりもむしろ、**主人公の内面をサポートする役割**を担うため、ミスを連発して足を引っ張るような小動物でもよいのです。

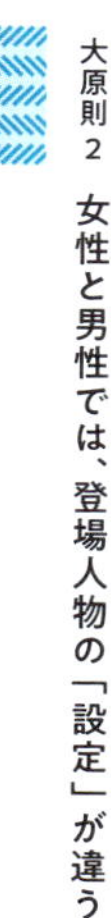

つまり、物語の初期設定が違えば、冒険のきっかけとなる出来事も、理想へのアプローチの仕方も、物語の途中で主人公が抱きがちな不安や悩みも違ってくるのです。

「購入までのステップ」を物語の展開に置き換える

お客様が新しい商品やサービスを購入する経験は、主人公が新しい世界での冒険へと旅立つ物語とよく似ています。もちろん、すべてのストーリーを定型化することはできませんが、少なくとも主人公が**「新しい自分」を求めて旅立つ冒険物語**では、主人公の性別によって典型的な特徴が存在すると、私は考えています。

目の前の敵を倒すごとに強くなる男性たちの物語と、過去のしがらみから解き放たれるたびに自由になっていく物語を生きる女性たち。それぞれの物語の主人公の葛藤に注目することで、私たち売り手がどんな風にサポートすれば、お客様が安全でより効率よく、楽しくゴールを目指すことができるのかを学ぶことができます。

では、お客様が商品やサービスを買うと決断するまでのプロセスに、物語をどのように応用していくかについて、これから少しずつ紐解いていきましょう。

Rule 06

不満の正体は自分でもわからないが、「新しい自分」をあきらめ切れない

今は商品もサービスもあふれている豊かな時代です。しかも、市場全体で品質が向上し、どれを選んでも大きな失敗をすることはなくなりました。では、星の数ほど競合がある中で、どうすれば女性のお客様の心を奪えるのでしょうか。特に、女性は**「わぁ素敵！」と、まず先に感情が動き**、その後、「欲しい」という気持ちを頭で正当化して、行動に移す場合がほとんど 図1 。ですから、まずは女性たちが買い物に至る心理を正しく把握することが、最初の一歩です。

あきらめ切れない「新しい自分」

「プリンセス・ストーリー」の女性主人公たちは、ほとんどの場合、現状にちょっとした「不便さ」や「束縛感」を感じています。使用人のようにこき使われるシンデレラや海の世界で生きる人魚姫、塔

図1 女性が買い物をするときの心の動き

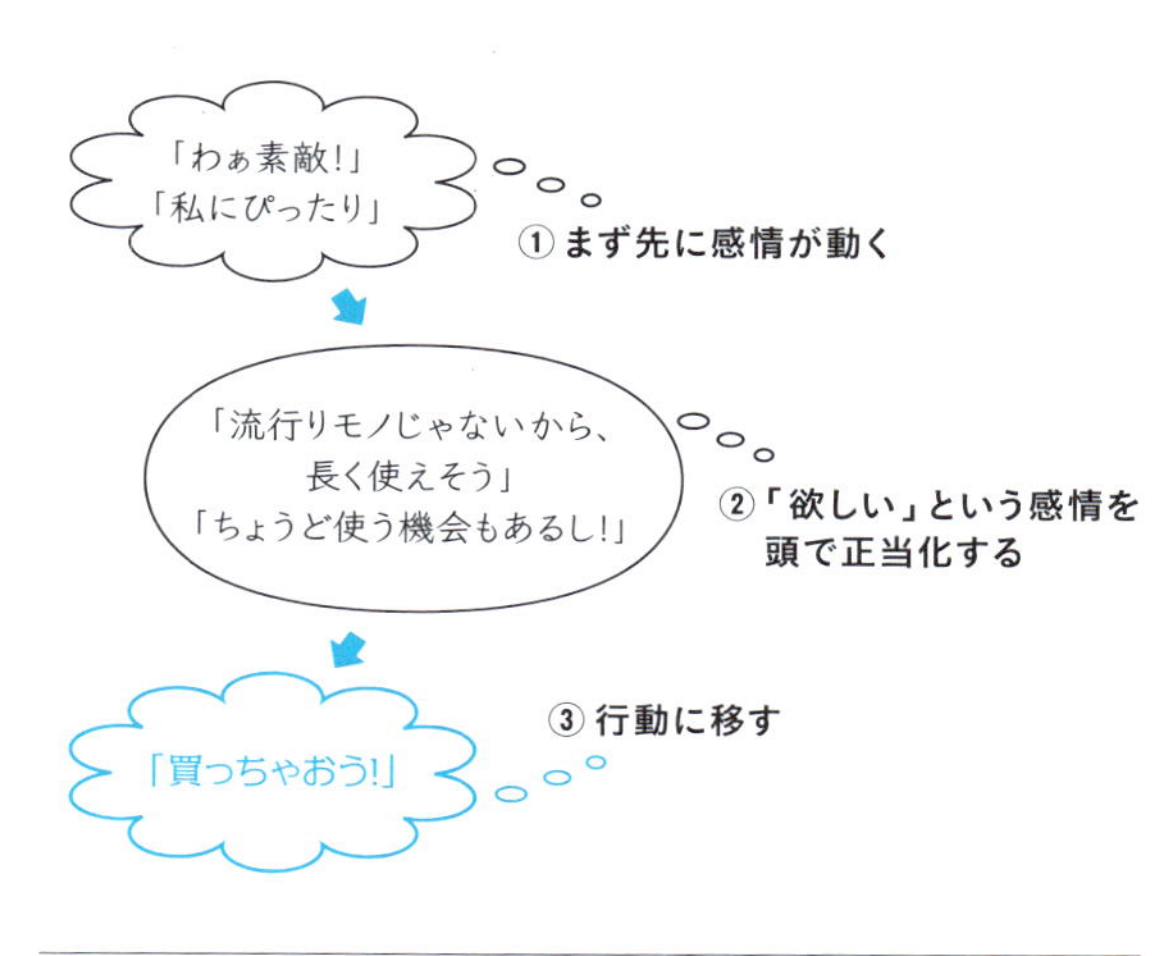

の中に閉じ込められているラプンツェルなどの主人公は、ふとした瞬間に「どうしてこんな目に遭っているのだろう…本来の私は、もっと自由でいきいきと輝いているはずなのに何かが違う、何かが足りない」という漠然とした感覚を抱いているのです。現実の生活に、はっきりとした不満があるわけではありません。ですから、どうしてそのような**違和感や欠乏感を感じているのかは、本人にもよくわからないまま。**代わり映えしない退屈な毎日の中で小さな幸せを見つけ、なんとか空虚な気持ちをごまかして生活しています。

現実的に考えると、貧しい身なりの女性が王子に見初められたり、人魚が人間になるなど、「ありえない」はずです。つまり、そもそも女性にとっての**「新しい自分」は今の暮らしの延長上にはなく、**努力すれば手に入れられるというものではありません。運命をあきらめられない気持ちがあっても「自分ではどうしようもない」無力感の中で、健気に振る舞うしかない不合理な状況こそが、女性が主人公の「物語」のはじまりです。

図2 男性と女性、物語の「はじまり」の違い

新しい自分へと進化していく旅のはじまり。目的地は、これまでの暮らしの延長線上の、遙か先にある「お城」

制約から解放され自由になる旅のはじまり。目的地は、これまでの暮らしとは断絶された、異次元にある「お城」

女性が求めているのは「これまでと、まったく違う人生」

一方で、男性たちが目指している「新しい自分」は、**より現実的で獲得可能な未来**です。自分が奮い立って努力し、運が味方をしてくれれば、手に入れられる可能性は感じられます。今は惨めで満足できない状態にあり、「今の自分」のままでは「果てしない夢」のまま終わってしまうかもしれません。けれど、何かのきっかけでスーパーマンに変身できるようになったならば、飛躍的に能力が向上した「新しい自分」は世界を救うことができるのではないか。そんなほのかな期待からはじまるのが、男性が主人公の物語なのです。

つまり、男性たちが求めている「新しい自分」とは、「今の自分」の延長上にある「パワーアップした自分」であり、今の配役のままの自分に「特別な能力」が付加されることによって、**現在進行中の同じ「物語」の「結末」を変える**のが、男性たちの「ヒーロー物語」だと言えるでしょう 図2。

けれど、女性の主人公にとっては「今の自分」に、いくら「新しい能力」が備わったところで「仮の姿」のまま。次元の違う存在である「本来の自分」にはたどり着けません。ですから、女性の主人公は、**これまでの延長上にない「別の自分」**を生きるために、「過去の自分」から解放され「自由」になる飛躍的な出来事を経験することになります。つまり、何か突拍子もない事件が起こって、これまでの自分の人生とは断絶された「まったく違う人生」を生きることこそが、女性たちの物語の結末である「新しい自分」の中身です。

プリンセス物語の本質は、これまでの延長上にない「本来の自分」になって、「自分らしい人生」を生きたい、「自由」になりたいという、独立解放の物語にあります。

だからこそ、女性にとっての商品やサービスの購入は、「今の自分」を進化させる「手段」というよりもむしろ、これまでの延長上にない**「まったく新しい人生」を生きることを可能にしてくれる「運命の出会い」**なのです。

実践的まとめ

多くの女性たちが心に抱く大前提をしっかり理解し、主人公の役どころに合わせた「売れる」見せ方をすることが大切です。

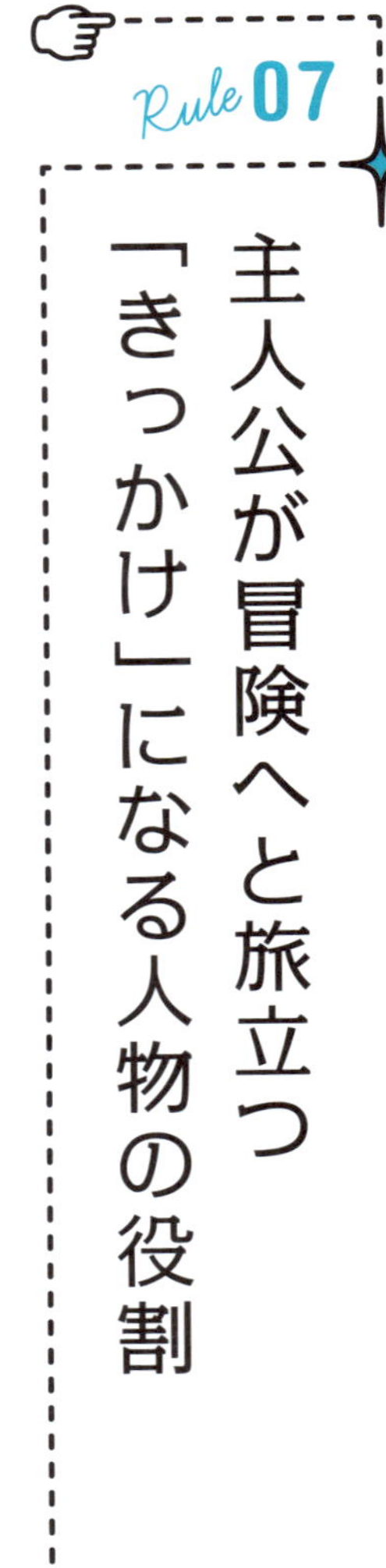

Rule 07 主人公が冒険へと旅立つ「きっかけ」になる人物の役割

男性が主人公でも、女性が主人公でも、「新しい自分」を生きる冒険の旅に出発するには、何らかの「きっかけ」が必要になります。多くの場合、「誰か」に出会うことが運命を変える決定打になりますが、男性と女性で「新しい自分」の定義が異なる以上、それぞれの物語に登場するキーパーソンの役割も大きく異なるのです。

変化を後押しする「きっかけ」

冒険物語の多くは、代わり映えのしない退屈な「日常」の描写からはじまります。主人公の周りには問題意識をもっている人などいません。小さな幸せを見つけ、運命を受け入れて生活する以外の選択肢など考える余地がない。そんな環境の中で、たとえ漠然とした憧れや夢があったとしても「叶うはずがない、この世界から出られはしない」と打ち消し、これまで通り生活を続けようとする主人公の暮らしは、お客様の毎日を反映しています。

けれど、**薄々「こんなはずではない」と気づいている**にも関わらず、いつまでも誤魔化し続けることはできません。ふとした瞬間に「これまでの常識を覆すような情報」をキャッチして運命が変わる可能性を感じたり、冒険に誘われているような感覚が日々強くなっていったりするのです。とはいえ、誰だって変化を起こすのは怖いもの。これまでの経験が通用しないまったく新しい世界に飛び込めば、危険がつきまといます。ですから、何度も「まさか、そんなはずがない」と新しい可能性を否定するのです。そんな主人公に、漠然と感じていた人生の主題をハッキリと認識させ、**「新しい生活」へ足を踏み入れるきっかけを作ってくれる人**こそ、物語の鍵を握る「キーパーソン」です。

「キーパーソン」の果たす役割が違う

男性が主人公の物語では、主人公に使命を自覚させ、へこたれそうになれば叱り、タイミングよく的確なアドバイスを与えて導く「賢者」や「メンター」と呼ばれる人物がキーパーソンにあたると言われています。変化に尻込みする気持ちを克服させ、日常生活から非日常な冒険へと送り出す役割を果たす人物が必要だからです。

けれど、女性が主人公の物語では、主人公を教え導く必要はほとんどありません。主人公自身が「本来の自分」に気づいてしまった以上、「元（本来の自分）に戻ろう」とする力を押し止めることはでき

図1 主人公とキーパーソンの関係

男性が主人公の物語では、キーパーソンによって特別な能力を与えられた主人公が、使命を自覚して冒険に旅立つ

女性が主人公の物語では、キーパーソンが「主人公が本来いるべき世界」に戻るための魔法を授けてくれる

ないからです。そのため、決定的に「本来の自分」を自覚させ**「過去のしがらみを断ち切ってくれる存在」**こそが、物語の鍵を握ります **図1**。

「眠りの森の美女」ではキスをして眠りから目覚めさせてくれる王子が、「シンデレラ」ではかぼちゃの馬車を出してくれる魔法使いや、ガラスの靴を携えて国中を探し求めてくれる王子が、主人公を**過去の「仮の姿」から決別させてくれる役割**を果たすように、女性が主人公の物語のキーパーソンは、必ずしも「賢者」である必要はありません。「あなたは、こんなところにいるべき人ではない」と語りかけ、本来どんな「存在」であるかという記憶を目覚めさせるだけでいいからです。

売り手は「キーパーソン」の役割を果たす

私たち売り手は、まずは物語の中の「キーパーソン」として登場することが求められています。お客様が「新しい自分」を生きることができるように、**背中を押す役割を果たす**必要があるのです。ただし、お客様が男性なのか女性なのかによって、その「新しい自分」のイメージも「背中を押す方法」も異なるという点には、注意が必要です。あなたの商品やサービスが、**主人公を冒険の旅に送り出す「きっかけ」**になれるよう、見せ方を変えていくのがポイントです。

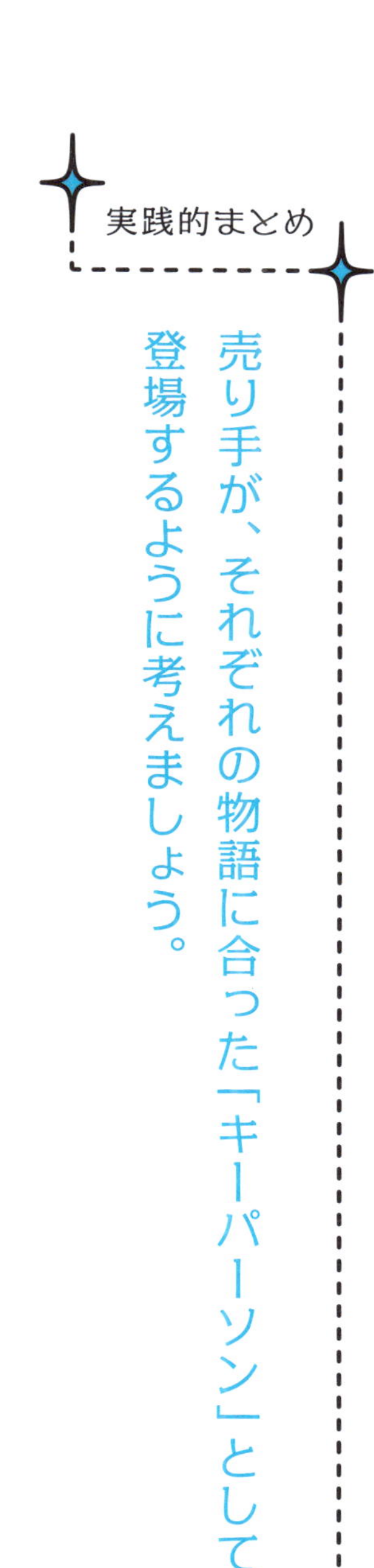

「敵」はどこからやって来て、主人公はどう戦うのか？

物語の主人公が勇気を持って旅立ったとしても、はじめから上手くいくわけではありません。主人公は、困難の中で、本当に「新しい自分」を生きるつもりがあるかを試され、決意を問われるのです。とはいえ、男性と女性で「行動を駆り立てるモチベーション」が異なる以上、その進路を妨害する内容も違っていて当然です。そのため、男性が主人公の場合と女性が主人公の場合では、「敵」の描かれ方も変わってきます。

主人公を阻む「敵」は誰か？

男性が主人公の冒険物語は、ロールプレイングゲームに似ています。アイテムや仲間を集め、自分で研鑽を積んで力をつけ、レベルを上げてゴールを目指す物語の中で、主人公の行く手を阻む「敵」は、これから倒そうとする既存勢力からの先制攻撃か、ライバルからの妨害として現れます。つまり、男性の主人公は、目的地の途上に立ち塞がる困難を乗り越える中で強くなり、**自分の手で理想の未来を獲得していく**のです。

けれど、女性が主人公の物語における**「敵」は「これまで暮らしてきた世界」からの追っ手**として登場します。「本来の自分」がいるべき「新しい世界」に旅立とうとする主人公を、あらゆる手段を使って引き留め、**これまでの世界に押し戻そうとする存在**こそが「敵」にあたるのです。

そもそも、女性たちは「本来の場所」にさえ戻ることができれば、すべての欠乏感が癒され、一瞬で運命が変わるという感覚を持っています。「今の自分」のままで、十分に「新しい世界にふさわしい」存在であるにも関わらず、たまたま「今、置かれている場所」がおかしいから、上手くいかないだけなのですから、自分の力が足りないせいではありません。つまり、男性のように、試練の中で鍛えられ、これまでとは「まったく別の存在」になる必要はありません。自分で苦労して順次レベルを上げていくという発想自体が存在しないのです。

よって、男性が主人公の物語では「新しい自分を手に入れられるか」が問題になるのに対して、女性が主人公の物語では「**これまでの自分を捨てられるか**」が、より強く問われることになります。

敵の攻撃の仕方が違う

女性の主人公たちは「自分にふさわしい世界」へと、行動を起こしはじめた当初、これまで毎日続い

図1 敵との戦い方の違いに応じて、サポートの仕方を考える

男性が主人公

敵：　未来への進路を妨害する

戦い方：　鍛錬を積んで、力をつける

女性が主人公

敵：　過去に引き戻そうとする

戦い方：　決意を固め、自信をつける

てきた生活への愛着を捨て切れません。いっけん理不尽な扱いを受けているようでも、日々の暮らしの中に小さな幸せを見つけて過ごす健気な存在として描かれることが多い女性の主人公にとって、まだ見ぬ新しい世界に飛び込むことは大きなリスクです。「新しい世界に呼ばれている」「自分が選ばれている」という感覚があっても、「やっぱり自分には無理」「このままでも悪くないのでは」と現状維持を選ぶ言い訳は、いくらでも思いつきます。

それでも、「このままで終わりたくない」「後悔したくない」とやっとの思いで一歩を踏み出した女性の主人公たちが唯一戦うべき相手は、**「過去の世界」からの「誘惑」**なのです。ですから、「敵」の攻撃は、進路を妨害するわかりやすいものだけではなくなります。

主人公の情に訴えて引き戻そうとしたり、仲間が裏切ったように見せかけたり、主人公を絶望させる

ことで「やっぱり、私には無理なんだ…元の世界でおとなしく生きているほうが幸せなんだ」と思い込ませようとしたりするのです。主人公の「自信のなさ」につけ込み、ありとあらゆる手で「今の世界」から飛び出すことを妨害するすべてを振りのけ、**「新しい世界」に生きる決意を確かめる試練**こそが、女性が主人公の物語の「敵」に当たります 図1。

こうした「敵」の存在や攻撃の特徴は、**商品やサービスの購入を阻む要因**に置き換えられます。物語の「敵」の攻撃の仕方が男性と女性で違うように、商品購入を迷う理由が男女で微妙に異なっていることに、ぜひ注意を向けてみてください。

実践的まとめ

物語の「敵」の攻撃の仕方が違うように、購入に至るプロセスのどこに障害を感じるのかも男女で違っています。

女性の主人公にとっての仲間は、「感情を共有」してくれる存在

物語の主人公の冒険の旅は、商品やサービスを購入した後にたどるプロセスに似ています。旅の目的地が、お客様が本当に欲しい「理想の未来」だとすると、商品やサービスを使って、その未来を手に入れるまでの過程は旅の途中で経験する出来事そのものです。これまで見てきた通り、女性が主人公の物語では、男性が主人公の「ヒーローズ・ジャーニー」とは本質的なメッセージが異なり、旅の筋書きがまるで変わってくることになります。

当然、旅を共にする「仲間」たちも、また違った役割を果たすことになるのです。

それぞれの物語が必要とする「仲間」とは

男性が主人公の物語における「仲間」とは、**良きライバル**であり、旅の目的を果たすために協力し合う同志です。目的地に向かう途中で次々に現れる「敵」と戦い、ゴールに向かって駒を進めていくためには共に働き、「結果」を出すことが求められます。つまり、これまでにない何かを「獲得する」「達成する」ために互いにサポートし合うのです。

一方、女性が主人公の物語では、それほど強固な「仲間」を必要としないことがほとんどです。というのも、女性たちの物語は「本来の自分」に戻る旅にすぎず、**これまでにない何かを新規に得る必要がありません**。「過去のしがらみから、全力で逃げる」物語の主人公である女性たちにとって、冒険とは「制約の多い古い世界で保護されながら生きることを捨て、**自分の力で新しい人生を選ぶ**」ことに、他ならないのです。

女性の主人公が「自分らしく生きる」道を選ぶときには、過去に引き戻そうとする力が強烈に働きます。一人では確信がゆらぎ、途中で挫折してしまうかもしれない主人公にとって、もちろん「旅の仲間」はいたほうがいいに決まっています。けれど、新しい自分を生き始めるまでの旅路は、結局のところ**内面の旅**に過ぎません。現実の「敵」に相対してレベルを上げて強くなる必要がないならば、「旅の仲間」に求められるのは、主人公が弱気にならずに駆け抜けるために必要な精神的なサポートや、未来を引き寄せるために役立つちょっとした情報だけ。ですから、女性が主人公の物語では、人間の言葉がしゃべれず、力のない小動物や足手まといな人物が同行していることがよくあるのです。

図1 **必要なサポート内容が異なる**

男性にとっての「仲間」

仲間 ＝レベルアップするために協力して戦う「同志」

- 共に問題解決のために立ち向かう。「主人公」を奮起させるために、怒ったり、諭したりすることも。

女性にとっての「仲間」

仲間 ＝自信を持てるように「共感」してくれる存在

- 問題は心の内側にある。不安な感情を「共有」して、気持ちの整理をサポートするのみ。

過去を捨て、未来に飛び込む決意

住み慣れた世界を手放し、リスクの多い未来に飛び込む勇気が試されている女性が主人公の物語では、どれだけ**「自分は本来こうあるべきだ」という確信を持てるか**という一点だけが重要です。主人公は、ことあるごとに「本当にこの生き方を選んでいいのか」「だまされているのではないか」「やっぱり自分には無理なのではないか」「自分勝手な生き方ではないか」と葛藤します。けれど、その答えを出すことができるのは自分しかいません。

つまり、女性の主人公が抱えている最大の問題は、**自信のなさ**なのです。抱えている不安な「感情」は自分で解決するよりありませんから、男性の旅のような「経験の共有」ではなく**「感情の共有」**が重要になります。事あるごとにちょっぴり不安になってしまう主人公に「そうだね、わかるよ。そういうこともあるよね」と共感し、いっしょに時間を過ごしてくれる「仲間」がいれば、主人公は自分が抱えている「気持ち」に整理をつけ、勝手に元気になって、迷いなく「試練」を乗り越えていきます 図1 。

このように、女性の旅における「仲間」は、何度も挫けそうになる主人公が「本来の自分」を信じられるように**サポートする伴走者**ですから、男性のキャラクターであっても、基本的には「共感」が得意で女性的なコミュニケーションを取る「女性の想像上の世界の男性像」である場合が大半といえます。

また、言葉が話せず、ただただ話を聞くだけの小動物や、ちょっぴりドジで場を和ませてふっと主人公の緊張を解いてくれる存在が「旅の仲間」に選ばれていることは、女性のお客様とのコミュニケーションを考える大きなヒントになるはずです。

実践的まとめ

女性のお客様が抱く葛藤に共感し、試練を乗り越えるために必要な情報を提供することで、良き「旅の仲間」としてサポートできないかを考えましょう。

☞大原則

3

”は、主人公の
ョン」が違う

女性

「ワタシらしい」

自分自身の
主観的な
満足を求める

“女性と男性で「モチベーシ

男性

「モテたい！ 勝ちたい！」

他者の
客観的な評価を
求める

っけん同じような行動を取っているように見えても、男性と女性とで、その行動を取る「動機」が大きく違っていることはよくあるもの。つまり、その商品やサービスを「買う」という行動は同じでも、その背景にある**「何を期待して買っているのか」**というきっかけが、男性と女性で異なることが多いのです。

「周囲の評価」が動機になる男性

購買のきっかけを問うインタビューで「この商品を買ったらどうなりますか。何が手に入りましたか」という質問に対し、男性は手に入れた結果に対する**「周囲の評価」**を挙げる方が多いのですが、女性の場合は「もっと自分に自信が持てるようになる」という**主観的な返答**をする方が大半です。

ですから、男性に売る場合には、「モテたい」「勝ちたい」といった**「客観的な評価」**や**「社会的な承認」に結びついた欲求に訴える**と響きやすくなります。これは、必ずしも他者からの評価だけに限らず、スコアアップが目に見えるものでも同様に効果的です。ただ、男性の場合、客観的な評価の最上級が女性からの賞賛であることが多いため、「モテたい」に訴求できれば、強い動機づけになることが多くあります。裏を返して言うなら「バカにしたあいつを見返したい」という気持ちこそが、購買行動の原動力になり得るのです。

「私らしさ」を重視する女性

けれど、多くの女性は**「他者からの評価」より「主観的な満足」**を求めています。「私らしさ」に重きを置く女性たちには「他人にどう思われるか」につながる話をするより、いかに「自分が満足できるか」を訴えるほうが圧倒的によく売れます。

つまり、欲しい感情のベクトルが「外に向かう男性」とは違い、「自分の内側に向かっている女性」には、まったく正反対の見せ方をしないとうまく興味が引けないことが多いのです。

人間の本質を映し出しているからこそ長く愛されている「物語」の中でも、男性の主人公と女性の主人公では**「冒険を続けるモチベーション」が違っています。**いずれもゴールにある「お城を目指す」という意味では、似たようなストーリーなのですが、それぞれの主人公の行動につながっている「気持ち」が異なるのです。

では、物語の主人公と同じく女性たちが共通して持っている「気持ち」には、どのような傾向が見られるのでしょうか。これまでに多くの女性をインタビューして得られた共通点を交えながら、女性のお客様とどういうコミュニケーションを取るべきか、より深く考えていくことにしましょう。

Rule 10

女性たちの興味・関心は、自分の「内側」にある

「売るための文章」では、まずはお客様に「そうそう、私のことをよくわかっている」と共感してもらう必要があります。ところが、男性と女性では、無意識的に求めている物語がまったく異なっており、行動につながるモチベーションが正反対。当然、お客様に何を伝えれば、ぐっと身を乗り出して話を聞いてくれるのかも、大きく違ってきます。

関心の方向性がコミュニケーション方法を決める

女性たちは、多くの場面で、自分の「感情」が満ち足り、その状況を保つことができる方向性を指向します。極論を言えば、他の人とコミュニケーションを取っているときでさえ、女性の興味や関心は**「自分の内側」に向いている**のです。

女性同士の会話は「わかる、わかる、そうだよねぇ」という「共感」がベースにあるだけでなく、共感する側とされる側がどんどん切り替わっていくため、そばで聞いている男性に「それぞれが話したいことを言っていて、どうして会話が成り立つのかわからない」と思われがちです。けれど、女性たちの会話は**「他の人の経験」の中から「自分に役立つ情報」を収集するため**にあると考えれば、どうして「ママ友」や「職場の同僚」や「ご近所付き合い」が、あれほど深刻な問題になるのかがわかるのではないでしょうか。

女性同士の会話で、やり取りされているのは、例えば「腕のいい歯医者さんはどこか」「品質の良い食べ物を安く手に入れられるのはいつか」といった地元密着型の情報や、体験に裏打ちされたリアルな情報です。生活する上で最も頼りになるこれらの情報にアクセスするには、コミュニティ内で同質化し、上手く立ち回らなくてはいけません。自分の子供の安全に関わる情報であればなおさらです。

つまり、失敗すれば偽情報をつかまされる可能性もある中で、スムーズに「自分に役立つ情報」を収集するには、下手に意見を挟まず、相手に気分良く話し続けてもらったほうが得策です。**単に承認し続けながら聞く**ことにこそ、意味があるのです。

一方、話をしている側の女性は、言葉にしていく過程で自分の中でこんがらがってしまった「感情」が整理され、自然と結論にたどり着くともいわれています。問題解決のためには、何よりも「話し切る」ことが重要であり、話の腰を折る提案はかえって問題解決の邪魔だという感覚は、多くの女性が共感するところでしょう。早い話が、女性たちは、自分自身の「感情」を語っているに過ぎないのです。

「感情」の話を進める際に、客観的な事実は無関係。そのため、**事実ベースの確認は求められておらず、**

単に聞いてもらえることこそが解決につながります。

いずれにせよ、女性たちは基本的に**「自分」という内向きのベクトルで物事を捉える**のです。ただし、この「自分」の範囲はどこまでも自由に拡張でき、家族やコミュニティ、さらには世界にまで広げることができるので、女性たちは、**すべてを「自分ごと」の視点で捉え**、限りなく広く定義した「自分」が、いかに安心して満ち足りた「感情」になれるかに最大の関心を払っていることになります。

男性と女性とで「共感」の意味が異なる

多くの男性は、自分を客観視し、比較検討する中で状況を正確に把握するのが得意ですから、相手の「**問題を把握し、解決をしよう**」という視点でコミュニケーションを取る傾向があります。女性たちが「いっしょのポイント」を主観的に探し、自己と同一化する中で「情報を仕入れる」コミュニケーションを取るのと対照的です。

そして、このように性別によって「これが普通だ」と感じているコミュニケーション方法が違うならば、当然ながら、普段から慣れているやり方に合わせるほうが、無理がありません。例えば、男性に売る場合には、現状の問題点を指摘する中で共感を示し、レベルアップの方法を提示するコミュニケーションが可能ですが、女性は欠点に目を向けるコミュニケーションには慣れていません。ちょっとした指摘でも人格が否定されたように感じてしまいかねないため、別の見せ方が適切なことが多いのです。

「自分」にフォーカスがある女性にとっての「共感」とは、**現状を「承認し合うこと」**を指します。行く先の不幸を心配しがちな女性たちは「このまま進んで大丈夫だ」と安心することで、かえって積極的に取り組む勇気がわいてきます。ですから、まずは**自分の基準や価値観を挟まず「あなたは間違っていない」というメッセージを与える**ことが重要です。

また、商品やサービスの「開発秘話」などを語る場合にも、女性の場合は**「人物」にフォーカス**した話のほうが響きやすくなります。男性に見せる場合には、新成分や新技術の発見にまつわる苦労や、脈々と受け継ぐ歴史や変遷を述べる「モノ」に力点を置いた見せ方になるのに対し、女性の場合には、それを開発することになった個人的な動機や人柄などを見せていくほうが、**「自分と同じ」だという共感**を得られやすいからです。

実践的まとめ

女性に売る場合には、現状の問題を指摘するのではなく、承認するほうがより効果的です。

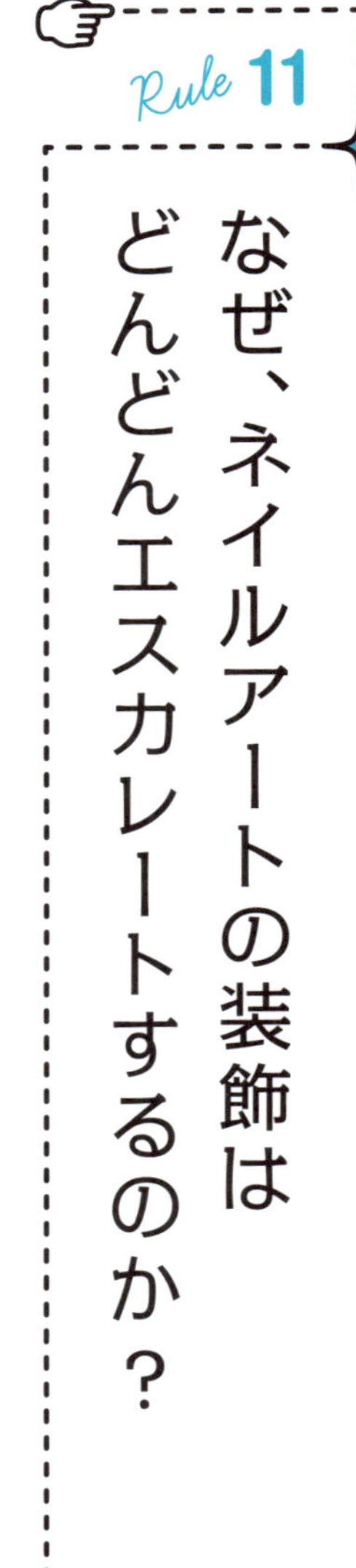

Rule 11

なぜ、ネイルアートの装飾はどんどんエスカレートするのか？

男性に売る場合、極論を言えば「これを買えば、モテますよ」と言えば、何でも売れてしまいます。けれど、同じことを女性に言っても、ほとんど興味を引くことができません。なぜなら、女性にとっての買い物は、究極的には**「自分に自信」を持つための手段**にすぎず、他者と自分の関わりの意識の仕方が、男性と女性で異なるからです。

女性には「モテ」要素は不要

男性たちの多くが「モテる」ことや「抜きん出る」こと、つまり、物理的に何かを「獲得する」ために行動します。けれど、多くの女性たちは、心からの「満足」に浸り、いかに「自分を感じる」ことができるかという**極めて主観的な目的を追求している**ため、そこに「他者」の存在はありません。

図1 男女で「モテる」の意味が違う

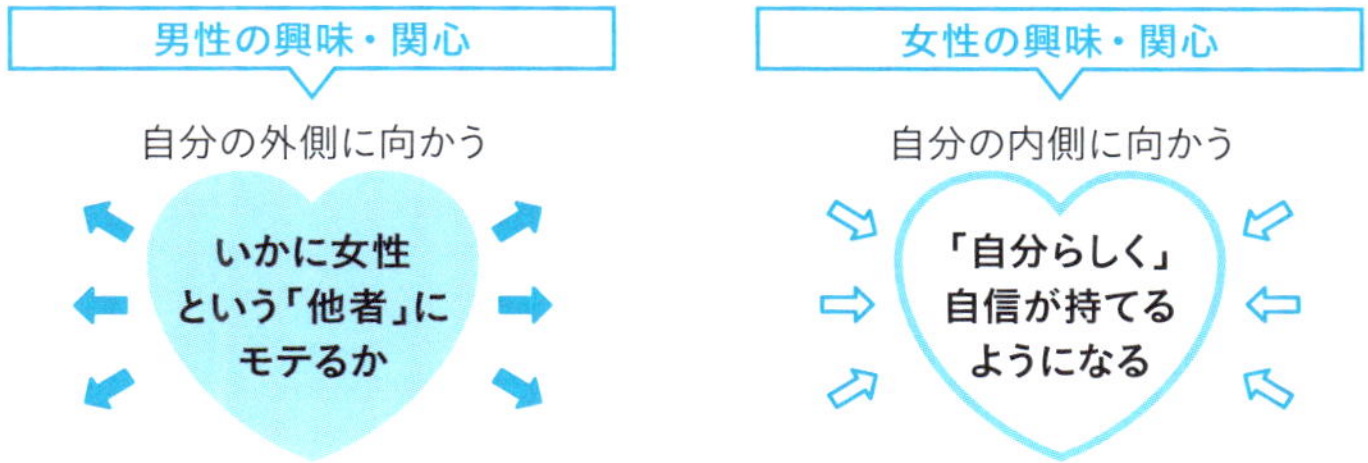

例えば、男性が「美容」にまつわる商品やサービスを買うときには、「他者からどう見えるのか」を意識した対策であることが多いのですが、女性たちが「美容」にお金や時間をかけるのは、あくまで自分のため。もちろん、結果的にモテるのは拒まないものの、女性にとっては「ちゃんと自分を大切にしている」「毎日ていねいに暮らしている」と感じられることのほうがずっと重要です。つまり、もっと「自分らしく」「自信が持てるようになる」という**「自分の内側」に向かう欲求に訴える**ほうがしっくりくるのです。

男性に売る場合には、この商品やサービスを利用すれば「自宅にベンツが届いた」とか「突然モテ期が来て、10歳年下の美人の彼女ができた」という見せ方ができたとしても、女性に売る場合には、訴求を変える必要があります。女性たちは、誰かに勝つために努力しているわけでも、男性の気を引くためにキレイにしているわけでもないため、男性と同じアピールを裏返しても、女性には響かないことが多いのです 図1。

情報としては回るので、要注意

そうは言っても、例えば「男性がプロポーズしたくなる仕草10選」といったモテ系の記事や動画はよく見られるので、「女性だってモテたいに決まっている」と思われるかもしれませんが、女性たちの「情報収集」と「行動」の間には、大きなギャップがあるために起きる現象に過ぎません。

女性たちにも、自分とは違う考え方や行動をする男性への知的好奇心はあります。ですから「実は、男性はこう思っている」という記事には「情報」としての需要はあります。けれど、「ふーん、そうなんだ」とチェックはしても、女性たちは、実際の行動に取り入れる気など、さらさらないのです。

具体的に「参考にする」ために見ているわけではなく、どちらかと言うと「暇つぶし」に近い位置づけで消費される内容でしかないため、いくら読まれても、さっぱり購買にはつながらないことが多くなります。ですから、販促や商品企画として考える場合には、「行動につながりやすい記事」とは違った目的で運用し、バランスを取っていくことが大切です。

「モテ」の定義が違う

また、男性にとっての「モテ」は「**いかに女性という他者にモテるか**」という意味で使われるのに対して、女性誌の「モテファッション特集」は「彼氏のいる女の子としては、こういう自分でありたい」という程度の意味にすぎず、本気で男性という他者の気を引こうとしているわけではないことがほとんど。要するに、「モテ」の定義が男女で違っているのです。

女性にとっては、あくまで**自己満足としての「モテ」**を指しているにすぎないことは、ネイルアートがあれほど流行ったことからも説明できます。派手な指先が男性には不評だということくらい、女性たちも承知しています。けれど、いくら「情報」として知っていても、いつでも自分の目線の先にある爪がキレイに飾られている「満足感」には替えられません。**自分が楽しいからこそ**、装飾がエスカレートしていくのです。

男性が主人公の物語にはヒロインが必須でも、女性が主人公の物語における**王子様は「脇役の一人」**にすぎません。事実、女の子たちの「プリンセスごっこ」遊びに王子役はいらないのです。女性たちにとって、男性が考えている「モテ」の重要度は、極めて低いことを、覚えておいて損はないでしょう。

実践的まとめ

女性のお客様に買っていただきたいのであれば、女性目線での「モテ」に訴求していきましょう。

Rule 12

女性は他人と比べて、競い合っているわけではない

他者の存在をほとんど認識していない女性たちにとって、競うことはあまり意味がありません。ヒエラルキーの中で自分のポジションを理解する男性的な感覚で見ると、「勝ち負け」にこだわっているように思える場面でも、当の女性たちは、ちょっぴり違った感情から行動していることがよくあります。

女性たちは、スコアアップにこだわらない

男性たちは、チューニングとチャレンジを繰り返し、評価を求める趣味にハマる傾向が強くあります。例えば、スポーツやゲームなどの競技全般をはじめ、男の子が夢中になるミニ四駆（改造できる車）やベイブレード（ベーゴマの進化したもの）といったおもちゃも、自分で工夫して調整を繰り返し、対戦で競い、また改造して再び挑戦することを楽しむ遊びです。

男性にとって**「勝ち負け」という客観的な評価軸は必須**ですが、必ずしも「他の人との戦いの中での勝利」である必要はありません。「昨日の自分に勝つ」でもいいのです。例えば、男性がランニングや筋トレをするときには、何kmをどれくらいのペースで走った、何kgのベンチプレスを何回といった記録を詳細に残す方がほとんど。自分自身がだんだん強くなってレベルアップしていくことに、喜びを感じる方が多いからでしょう。

ところが、多くの女性は、スコアアップ自体に魅力を感じることは、ほとんどありません。女性にとっての行動とは、「他の人からの評価」を求めたり、同性間で「競う」ためのものではないからです。例えば、ゴルフをする場合でも「誰かに褒められたい」とか「恥ずかしい思いをしたくない」とか「あいつを見返したい」といったモチベーションは、ほぼ持ち合わせていません。多くの女性は、むしろ可愛いゴルフウェアを着て写真を撮り、**自己満足する**ことがラウンドを回る主目的。勝ち負けや自分の成績には、あまり興味がないのです。

マウンティングは本来、男性のもの

女性同士が張り合うことを「マウンティング」と評しているのをときどき見かけますが、多くの女性は、他人を自分との比較対象として見るのではなく、**自分を映し出す鏡**として見ています。

例えば、他の人の目尻や口元のシワを見て「もしかして、あの年齢サイン、私にも？」と不安になっ

図1 お妃様は「感情」が満たされた毎日を幸せに過ごしていた

たり、お互いに「もしかして、スキンケア変えた？」と話題にするのは、「他人の顔」の中に「自分」を見ているからに他なりません。「出産直後でもスタイルをキープしているキレイなママ友」を見て「忙しいのに自分に手をかけて、ちゃんとしていて偉いなぁ。私も、もうちょっとがんばらなくちゃ」という感想を抱くのですから、優劣をチェックしているわけではなく、あくまで**自分に引きつけて見ている**のです。

実は、女性目線で考えれば、白雪姫の母が、毒リンゴを手に娘の殺害を企てた理由は、「満たされていた感情」が害されたことが原因です。これまでずっと白雪姫の母である妃は「鏡よ、鏡。世界で一番美しいのは、誰？」と尋ねたときに「あなたが一番美しい」と言われながら、毎日幸せに暮らしていたのです **図1**。

ところが、白雪姫が7歳になったある日、突然、鏡が「白雪姫が一番美しい」と答えたことによって、これまで完璧だった世界が一気に崩れ去ります。女性たちは、世界を物理的に把握するというよりも**主観的に認識している**ことが多いため、「感情の崩壊」は文字通り「世界の崩壊」を意味します。客観的には状況が何も変わっていなかったとしても、「感情」が変われば、すべての見え方が一瞬で変わってしまうのです。

元の「満ち足りた世界」を取り戻すためには、元の「感情」を取り戻す必要があります。鏡が嘘をつかないとしたら、感情妨害の根本的な原因である白雪姫を殺すしか選択肢がありません。つまり、多くの女性にとって、他者に危害を与える理由は、**主観的で内向きな要求**の結果に過ぎず、他者と比較して勝つことにはないのです。男性たちが、優劣を競う中で敵を蹴落としていく場面とは、まったく違ったモチベーションで動いていることがわかるのではないでしょうか。

女性同士の集まりの中で起こりがちな諍いは、満たされていた感情を取り戻すために勃発することがほとんど。要するに、女性たちは、他者を認識して比べているのでも、優劣を競っているわけでもありません。単に、**自己を見つめ続けている**だけなのです。

実践的まとめ

女性は優劣を競うのではなく、他人を鏡にして「自分」を見つめ続けています。その「内向き」なモチベーションをうまく活用しましょう。

Rule 13

売り込まなくても「自然に売れる」ようにするには？

男性が主人公の物語においては、ゴールとなる「お城は1つ」しか存在しません。その上、「現在のお城の主」を倒して下剋上を果たすストーリーでもありますから、必然的に同じ頂点を目指して動いているライバルたちと戦う必要があります。けれど、女性が主人公の物語では、「本来いるべきお城」にたどり着けばいいだけですから、競う必要はありません。それぞれの女性にはそれぞれのゴールがあるので、争うべきライバルがいないのです。

自分で自分に満足したい

女性たちが求めているのは「評価」による「称賛」ではなく、**「承認」による「感情の満足」**です。しかも他人から得られる承認よりも、自分で自分を認めることができることがより大切になります。要は、自分自身が「本来の自分」だと感じられることこそが重要なのです。

例えば、同窓会で、自分が一番若く見えるとうれしいのは、多くの場合、勝ち負けではなく「私って、やるじゃん！」と自信が持てるからです。逆に、女性が他人のライフスタイルを非難しがちなのは、自分の生き方が否定されると感じるからであって、嫉妬やひがみではないことが大半です。また、職場の「新入り」は「お局様」がそれまで得ていた感情的満足を害してしまう存在だから、問題が起こります。

また、年齢を重ね徐々に「若さ」を失っていくことは、それまで普通に持っていた**「感情的な満足感を奪われる」**ことにつながる要素があるからこそ、女性たちは「年齢」にも敏感です。さらに、男性よりも女性のほうが「婚活」や「妊活」にこだわりがちなのは、結婚している人や子供がいる人のコミュニティから外れることで、なぜか「満たされない」感情が生まれるからでしょう。いずれにせよ、**自分の「感情」の満足を求めている**にすぎません。

ビジネスの実態がろくにない自称「女性起業家」たちが「豪華なホテルで素敵なドレスに身を包んでいる自分たち」の非日常をＳＮＳでアピールする様子は、「キラキラ女子」と揶揄されることが多いのですが、もし彼女たちの主目的が「自分を肯定的に感じられること」であれば、少なくとも「感情」は満たされます。つまり、「モテ」の定義が男女で違っているのと同様に、「稼ぎたい」の定義も微妙にズレていることが多く、客観評価である金額自体よりも「主観的な満足」に重きが置かれることもあるのです。

図1 お客様が本当に欲しい「感情」をあぶり出すために使う質問

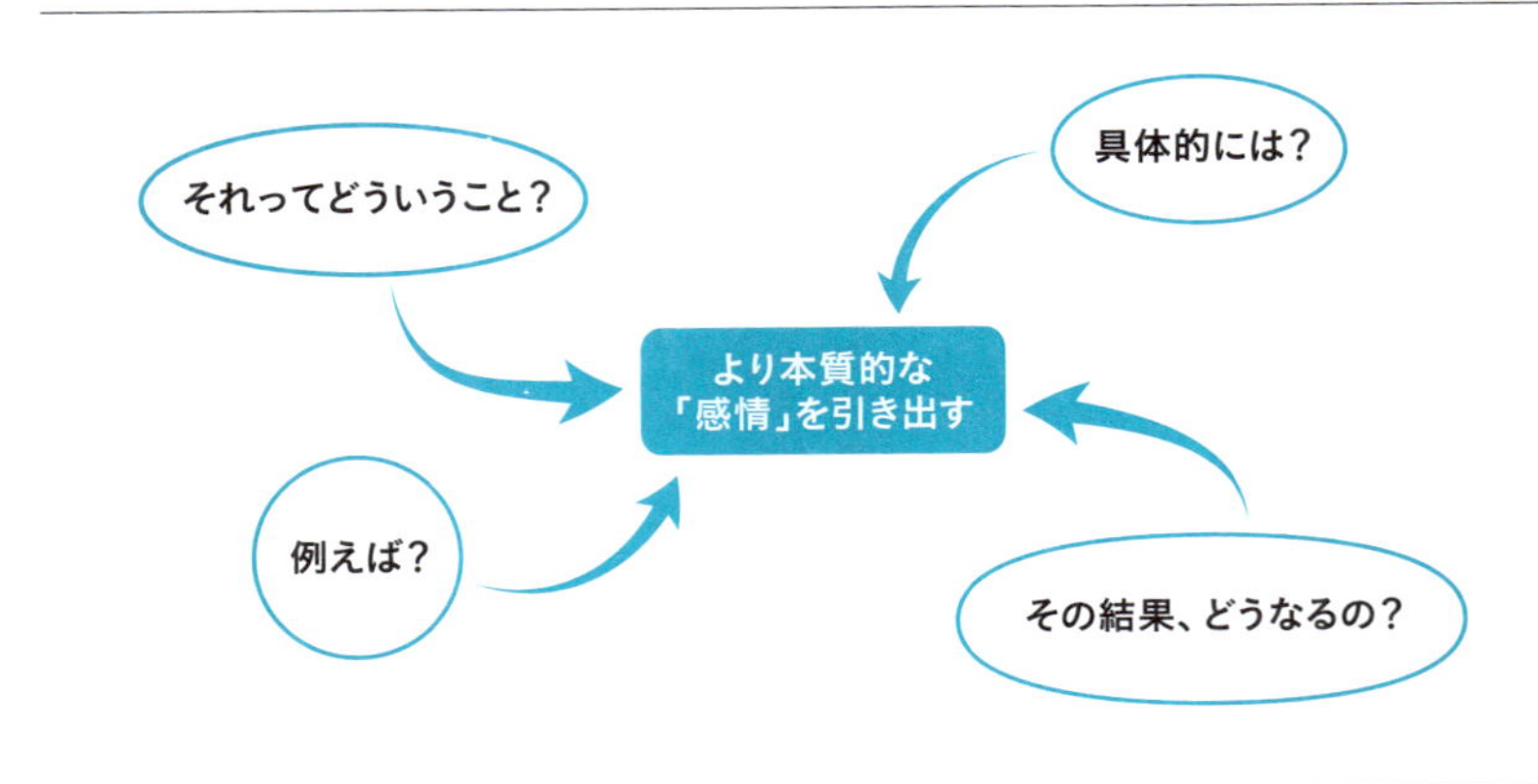

「感情」を探し出すことが最重要

多くの女性たちは、「自分らしく」あるために買い、結果「自信が持てる」ようになって、支配や制約に満ちた古い世界から、自由になることができます。そして、自分にとって「居心地がよい」と感じられる空間や時間や関係性を、自分なりに追求し維持することができれば、今の自分に「納得」できるのです。

男性社会の中では、うっかりすると、女性向け商材でも「機能や性能」の説明に終始しがちになりますが、まずは、**女性たちが求めている「感情」を特定**することが重要です。

というのも「感情」を揺り動かして、「行動」に駆り立てることこそが「売り込まずに、自然に売れる」の本質であるなら、何を伝えれば欲しくなるのかの前提となる「感情」を知っておく必要があるからです。

これればかりは、実際に聞いてみないとわかりません。

そして、とっさにお客様の口から出たはじめの答えは、おそらく表面的な言葉に過ぎません。そこからさらに「例えば？　具体的には？」と深掘りしていく中で、より本質的な感情を探していくことになります 図1 。

いずれにせよ、頭で考えた答えは、真実とはかけ離れています。本当にお客様が望んでいる「感情」は、**お客様だけが知っている**のです。

お客様の心を揺り動かす「売れる文章」になるかどうかは、**どれだけお客様の気持ちを理解しているか**で決まります。パソコンの前で考えているだけで、突然、凄い言葉が天から降ってくるようなことはありません。自分以外の人の言葉をひたすら聞いた結果、お客様以上にお客様の気持ちを上手く説明できるようになるからこそ、言葉があふれ出てくるのです。ぜひ今すぐ、近くにいる人に意見を求めてみてください。きっと驚くほどの収穫が得られるはずです。

実践的まとめ

女性たちの求める「本来の自分」の中身は、本人だけが知っています。だからこそ、実際に聞いてみることが大切です。

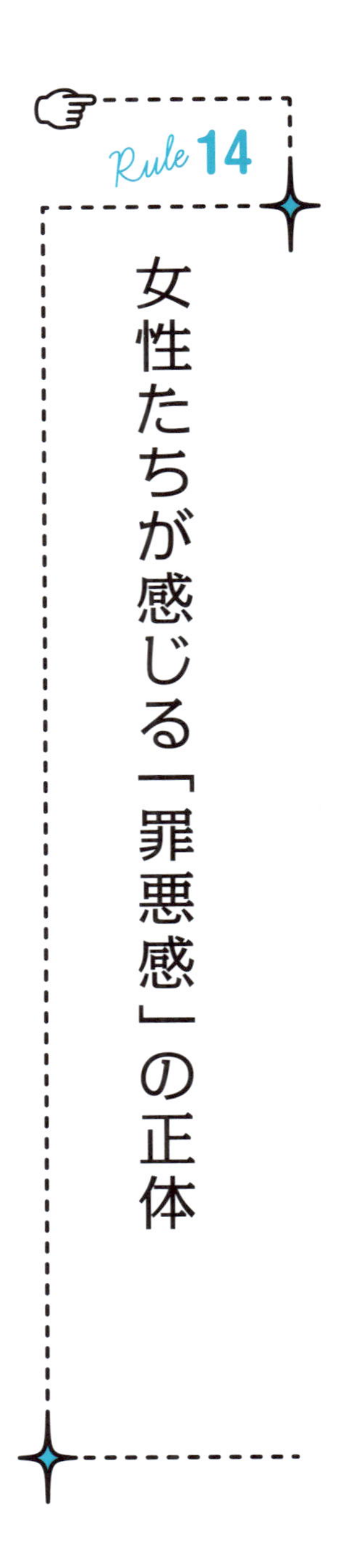

女性たちが感じる「罪悪感」の正体

女性たちが欲しいのは「私って素敵！」という高揚した気分です。商品やサービスを手に入れること自体が目的ではないため、その商品やサービスがある生活がキラキラと輝いて感じられること、つまり、自分がその環境にいて、幸せで満ち足りた気持ちになれることが、行動を起こすきっかけにつながります。たとえそれが自己満足であろうと、「本来の自分」を生きている感情になれることが重要なのです。

「罪悪感」を感じなくて済むよう、無意識に行動している

多くの女性にとって「毎日の暮らしに手をかけて、ていねいに生活する」ことは、憧れの一つです。けれど、現実にはいつもほとんど余裕がない忙しい毎日を過ごしているとしたら、いったいどんな気持ちになるでしょうか。

「ちゃんと手をかけた状態」こそが「本来の自分」で理想であるなら、そうでない状態はストレスです。その上、女性にとっては、「本来の自分」イコール「お姫様」ですから、何不自由なく思い通りになって当然という感覚があります。結果、**「本当はやりたいのにできない」**自分のふがいなさに苛立ち、なんとかしようと「終わりのない旅」に出る羽目になるのです。

冷静に考えてみれば、お城に住んでいるお姫様でも、いつも自分の理想通りの完璧な生活をするのは大変なことでしょう。ですから、たまには楽したい、怠けたい気持ちになるのも当たり前なのですが、少しでも手を抜くことは「本来の自分」に反する行為になるため、女性たちは、**いつも軽い「罪悪感」を覚えがち**です。よく「ダイエット中でも、罪悪感を感じずに食べられる」とか「子育て中でも、罪悪感を感じずに、自分も楽しめる」といった言葉が、女性たちから聞かれるのは、そのためなのです。

これは、物語の主人公がゴールで得られる感情の裏返し、ということもできます。「客観的な評価」を求める男性は、自分はダメだという「劣等感」を誤魔化すために、他方、「主観的な満足」を求める女性は、**完璧にできない「罪悪感」を感じないで済む**ように、無意識のうちに行動しがちになるのです。男性と女性で典型的に異なっているこの心の動きを活用することができれば、もっと「自然に売れる」状態を作り出すことが可能になります。

ときには「現実逃避」させてあげる

女性たちが求めているのは、「ちゃんと自分に時間や手間をかけてあげている、私って素敵！」だと

「感じられる」ことであって、実際に「完璧な世界」を作り上げることではありません。つまり、女性たちが憧れている生活を**「手軽にちょっぴり味わえる」**ようにすることが、最大のポイントです。日頃の雑事から一瞬だけでも離れて、自分に向き合い、ていねいに大切に時間を過ごしていると「感じられる」ことをアピールができるなら、より女性たちの共感を得やすくなります。

例えば、簡単に仕上げられるメイクテクニックや、豪華に見えるのに時短で料理できるレシピなど、ハードな生活の中でちょっと楽ができるのに、自己肯定感が下がらない「バレない手抜き」という見せ方は、常に求められています。

実は、多くの女性たちは「過酷な現実」を根本的に変えて「理想の生活」を実現する難しさにも気づいています。ですから、単に「罪悪感」を感じずに済むアイテムだけでなく、**「束の間の現実逃避」**を叶える商品やサービスも人気があります。「自分へのご褒美」や「プチ贅沢」が流行るのは、一本道をひたすら歩み続けることに疲れた女性の主人公が、自分を癒やして英気を養う感覚ともいえるのです。

実践的まとめ

女性に売るなら「罪悪感」がキーワード。「現実逃避」も織り交ぜながら、追い込みすぎないアプローチが必要です。

Rule 15

「子供のため」より「自分自身の満足」のほうが強い感情

女性が買い物によって手に入れたいのは、商品やサービスそのものよりも、「本来の自分」に戻ったときに得られる「感情」だとするなら、例えば、女性が子供のために買う商品やサービスについては、どう考えればいいのでしょうか。母親について考えるべきか、子供について考えるべきか悩む方が多いのですが、**購買の意思決定権者である母親**の「感情」こそが大切になります。

感情の「遠近」を考える

子供の幸せを願わない母親はいませんから、もちろん「何にお金を払うのか」を決めるときには「子供のため」を思って意思決定をする場合が大半です。けれど、その判断は、あくまで**母親自身が持つ価値観や優先順位**にもとづきます。例えば「子供の希望が一番だ」と考えている母親と、「将来を見越し

て考えれば、子供が嫌がっても今これをさせるべきだ」と考える母親とでは、まったく違った意思決定をすることになるのは当然です。つまり、「子ども自身が考える幸せ」ではなく「意思決定権者である母親が、何を子供の幸せだと考えているのか」によって購買の是非が判断されるのですから、まずは**母親がどう考えているのか**を知っていることが、響く文章を作るための第一歩です 図1。

ただ、「他者を思う気持ち」は、どちらかというと決断への影響力が少ない「**遠い感情**」だといえます。「自分」に直接的なメリットがあるかどうかが重要なのは、ＢｔｏＢといわれる企業への営業活動と同じで「会社にとってメリットがある」だけでなく、担当者個人が「自分の仕事が楽になる」などと感じなければ、人間はなかなか動かないものです。ですから、もっと手近な「**自分自身の感情の満足**」のほうがより強くアピールするのです。例えば、商品やサービスを購入すること自体が「私って良い母親だ」と感じられるような提案ができれば、より個人的で直接的な「購入に近い感情」に響かせることが可能になります。

アイデンティティに訴える

女性に売る場合には、「母として」「娘として」「妻として」「嫁として」という役割意識（アイデンティティ）に訴えるのも、場合によっては有効です。

そもそも、女性たちは、ある意味ではフィクションにすぎない「本来の自分」にひっぱられ、実際には存在しない**「完璧な像」と自分自身を比べて疲弊**します。また、人生のステージごとに、一般的に「当たり前」とされる世間の常識や価値観、役割を演じようと既成概念にがんじがらめになりがちでもあります。

図1 感情を掘り下げていくと「アイデンティティ」につながることも多い

例）この「子供向け」サプリメントを買えば…

子供の成長に必要な栄養を、安全にバランスよく賢く補うことができる

その結果、どうなるの？

自分の料理のせいで、子供の身長が伸び悩んでいると思わずに済む

その結果、どうなるの？

自分のことを、子供が育つために最適な環境を整える「良い母親」だと思える

その結果、どうなるの？

完璧な料理が作れなくても、罪悪感を感じず、イライラしすぎないで、毎日をハッピーに過ごせる

例えば、多くの女性が「教育ママ」に走る原因は、自分が成し遂げられなかった夢を子供に託したいというよりも、むしろ子供の評価が自分の評価に直結すると感じているからでしょう。「理想的な母親」という「本来の自分」と比較して、自分の感情に欠けが生じるのを嫌い、「ちゃんとした母親なら、こういう行動を取るだろう」と思える範囲から、外れることを恐れるのです。

多くの女性たちにとって、購入に直接影響を与える強い感情は、女性が主人公の物語の最後で得られる感情と重なっています。あなたのお客様は、商品やサービスにお金を払うことによって、本当は何を得ようとしているのかに注意してみてください。

実践的まとめ

意思決定者本人の、直接的な「感情の満足感」に訴える方法を考えましょう。

COLUMN

お客様に「響く」キャッチコピーを作る一番簡単な方法は、「お客様の声」をそのまま使うこと。アンケートやレビュー投稿、電話などでお客様が実際に語った言葉をそのまま一字一句変えずに使えば、自分で頭をひねって考えるよりも格段に早くキャッチコピーを作ることができます。

多くの場合「お客様の頭の中にある言葉」のバリエーションと「売り手の頭の中にある言葉」の範囲は大きく違っています。そのため、たとえ同じ意味であっても、うっかり自分の頭で考えた単語に入れ替えてしまうと、お客様にはさっぱり響かないキャッチコピーになりかねないのです。

もし、お客様の使う言葉をきちんと把握できているなら「電車の中吊り広告の見出し」の言葉や「雑誌の目次の文章」の単語を入れ替えてキャッチコピーを作る方法もあります。とりあえずどんどん作っていけば、半ば無理やりこじつけるような形になったとしても、二百本くらいはすぐに作ることができます。たくさん作った上で、ゆっくり見直してみると、中には良いものも混じっているはずですから、数で勝負してみる価値はあります。そもそもプロのコピーライターだって、とんでもない数の案の中から、選び抜いて一行を作っているのです。

ただし、女性誌はものすごく種類が豊富で、雑誌ごとに言葉遣いの癖があります。いったいどの雑誌を好んで読んでいるかについても、想像ではなく必ずお客様に聞いてみてください。

男性では、「中身」が違う

女性

運命の出会いを楽しみ、とりあえず試してみる

運命の商品との「出会い」こそ、買い物の醍醐味！

"

女性と意思決定の

男性

しっかり比較検討し、決めてから買いに行く

しっかり吟味して「最高のもの」を手に入れたい！

性と女性がいっしょに出かけたときに、あまりにも買い物のスタンスが違うことに驚いた経験はありませんか。男性は、たいてい「目的の売り場」に直行して「決めていた商品」をつかみ、即会計を済ませると、すぐに家に帰ろうとします。けれど、女性は「せっかく来たのだから、ついでに」と、寄り道を繰り返そうとするのですから、まったく相容れません。

「魔法」との偶然の出会いを求めている

実際、休日のショッピングセンターやデパートのソファコーナーには、スマートフォンを片手にイライラと女性が売り場から戻ってくるのを待つ男性たちの姿がたくさん。一方で、ツアー旅行に男性といっしょに参加した女性たちは、気兼ねなく買い物ができる女性同士のグループを羨ましがる場面がよくありますから、この買い物の仕方の違いは、たまたまの性格の不一致というわけでもなさそうです。

実は、この購買行動の違いは、男性と女性で買い物に求めているものがまったく異なることに起因します。男性にとっては、**しっかり吟味して最高のものを手に入れる**ことが買い物ですが、女性にとっては、何気なく見て回る途中で、**バッタリ運命の商品と出会う**ことこそが、買い物の醍醐味。ぶらぶらウィンドウショッピングができないようでは、究極の魔法との出会いをみすみす逃しかねません。ですから、たとえ用事がなくても、いつでも可能性を探して回ることは必須事項なのです。

戦士と姫の「立場」の違いが、購買プロセスにも影響する

物語の主人公の本質を考えるなら、この違いはよりわかりやすくなります。戦士は旅の途中の市場や宿で、見知らぬ人から必要なものを購入します。だまされないように、よく比較検討して選ぶ必要がありますし、無駄な時間を使って余分なものにまで目移りするような買い物は、戦いの効率が悪くなるので厳禁です。

けれど、お姫様の買い物では、信頼がおける出入りの商人が、厳選した品物を持って、お城まで訪ねてくるのが普通です。自分で怪しい市場に出かけて行って選ぶわけではありませんし、基本的には時間もたっぷりかけられます。コストパフォーマンスを求めたり、予算を気にする必要もありません。むしろ、偶然の出会いを楽しむ余裕があってこそ、**買い物本来の満足感**が得られるのですから、置かれている状況がまったく違っています。

つまり、「どうせ買うなら、多少高くても気分良く買いたい」と思う女性と、「同じものなら、一円でも安く手に入れたい」と考える男性では、利害が対立しがちなのも、無理のないことなのです。

では、男性と女性で、いったい購買決定のプロセスはどのように違うのでしょうか。それぞれに特有の買い物の仕方を知ることで、どんな情報をどのように伝えるべきかがわかるようになると、しっかりと狙って当てることもできるようになるはずです。

Rule 16

男性には理解できない女性特有の「衝動買い」

インターネット・マーケティングの世界では、消費者が商品やサービスを認知してから購入に至るまでの一般的な行動パターンを説明するものとして、「ＡＩＳＡＳ（アイサス）」と呼ばれる購買行動プロセスモデルが有名です。消費者は、まず最初にテレビＣＭや雑誌などから商品の存在を「認知（Ａｔｔｅｎｔｉｏｎ）」して「興味・関心（Ｉｎｔｅｒｅｓｔ）」を示すと、次に情報をネットで「検索（Ｓｅａｒｃｈ）」した上で購買「行動（Ａｃｔｉｏｎ）」をし、さらに、その経験をソーシャルメディアで「共有（Ｓｈａｒｅ）」するという、インターネットが普及した現代特有の購買までの一連の流れを説明したモデルとして知られています 図1。

けれど、男性にはぴったり当てはまるこのプロセスは、残念ながら、女性たちには、当てはまらないことが多々あります。実際の購買行動を観察していると、多くの女性はまったく他と比較しないまま購

図1　AISAS（アイサス）の法則

入を決めており、男性にとっては当然の前提とも言える「検索（Search）」という比較検討の手順が、なぜかすっぽりと抜け落ちているのです。

購入とは、「決定」か「お試し」か

男性は、まずは買うかどうかを慎重に検討した上で、買うとなればベストのものを手に入れようと考えるのが普通です。気になる商品やサービスがあれば、まずは、そのジャンルの商品やサービスについての大枠を押さえ、どんなものがあってどこが違うのか、それぞれの評判はどうなのかなど、細部にわたって比較します。さらに、自分が買うべき対象を1つに絞り込んだ上で、もっとも安く手に入れる方法を探していくのです。

つまり、男性にとって実際の行動に移すときは、**「この商品をこの店で買う」とほぼ決めた状態**なのが当たり前。いわば、男性の購買は、ほとんど「決定」ですから、比較検討のプロセスを経ない「衝動買い」をすることなどめったにありません。他にもっとよい選択肢があるかもしれないし、だまされているかもしれないのに、即決するという軽薄で危険な行動を取るなど、愚の骨頂としか思えないのです。

けれど、ＡＩＳＡＳの法則にぴったり当てはまる男性の購買の流れは、女性

図2　「購入」に至るまでのプロセス

男性

決めてから買いに行く

興味を持って、調べる

↓

複数の商品を、
細部まで比較検討

↓

最高のものを選んで購入

女性

運命の出会いを楽しむ

第一印象（ピンとくる、ときめく）

↓

自分の直感に狂いがないか、
ページ内をざっと確認

↓

とりあえず試してみよう

に言わせれば「どうして、そんなに面倒なことを?! どれも、そんなに違わないでしょう?」と言いたくなる、煩わしくて不可解な行動です。一瞬で衝動買いをする女性にとっては、男性たちが楽しそうに細部まで徹底的に比較し、調べ尽くして納得するまで動こうとしないことが、信じられません。そこまでの手間と時間と情熱をかける意味がわからないのです。

女性たちは「武器」ではなく「魔法」を買う

男性の買い物は、物語の中で**「戦いに役立つ武器」を「仕入れる」感覚**に近く、「百戦錬磨の商人を相手に、だまされることなく購入する」ために、徹底的に比較検討して「これだ！」と決めたものだけを購入するようなものです。けれど、女性にとっての商品やサービスは、**「本来の自分」を一気に取り戻すための「魔法」**なのです。

女性は、現実の世界で常に感じる「何かがおかしい」という違和感や欠乏感を一気に解消してくれる即効性のある特別な手段を、いつも無意識的に探しています。ですから、ふとした瞬間に「魔法」らしいものに出会ってしまったら、どうしてもその「足りない」という渇望感を埋めたくなって、買わずにはいられないのです。

また、そもそも「魔法」は万人に効くというよりも、オーダーメイド性が強いものですから、「本物の魔法」であるかどうかは、実際に自分で使ってみなければわからないもの。成分やスペック、客観的な評価は一応の参考になっても、詳細に比較検討したところで本質がわかるわけではありません。結局、「私にとって、魔法かどうか」という一点だけが重要になるため、最終判断を下すためには、自分で試してみるしかないのです 図2。

つまり、女性にとっての購入とは、**とりあえず「試してみたい」と思っただけ**であって、必ずしも「決定」ではありません。そのため、女性の買い物は、男性の買い物よりずっと気軽で、競合商品との比較検討がほとんど起こらないことが特徴です。「カスタマー・ジャーニー」などをうたう昨今のマーケティング理論も悪くはありませんが、現場でインタビューをしていると、女性たちは、驚くほどに、まったく検索せずに即決している人が多く、女性にとっての「検索（サーチ）」の重要性は低いのです。

「とりあえず試す」にもっていく

女性は多くの場合、ろくに比較検討もせずに「**とりあえず、試してみよう**」と気軽に購入を決めるため、今使っているものを使い切る前に、同じジャンルの商品やサービスを重ねて買うことも、日常茶飯

事です。また、今使っているものに、とりあえず満足していたとしても「もっとすごい魔法があるかもしれない」とふとした瞬間に、他社に切り替えることも、よくあります。

ですから、女性に売る場合には、言葉を尽くして説得し、商品の比較優位を証明するよりも、まずは気軽に試せるようにすることのほうがより重要です。とはいえ、「サンプル」や「初回無料」だけが「お試し」ではありません。「お試しできない」商品やサービスであっても、工夫次第。お客様が自分で試したように「感じられる」見せ方にすることで、同様の効果が得られます。

例えば、通信販売の服なら試着した際にチェックしたいポイントをすべて見られるように、写真や説明を入れたり、店舗での施術系サービスなら、受付からの流れを誌上体験していただくこともできます。

要は、どうすれば「**とりあえず試す**」感覚を味わってもらえるかを考えることが重要なのです。

実践的まとめ

女性の買い物は「運命の出会い」ではじまり、「とりあえず試してみよう」に帰結します。男性よりも圧倒的に気軽な買い物プロセスに沿った見せ方を工夫しましょう。

Rule 17

客観的な性能や数値は、女性にとって購入の決め手にならない

男性と女性で「買う」という行動の中身が違っているならば、それぞれの意思決定において必要とされる情報が違ってくるのは、当然です。

例えば、テレビを購入する場合、性能やスペックを重視する男性は、「価格ドットコム」のような比較サイトで、画面のサイズや解像度、どんな端子がいくつ揃っているのかなどをよく検討した上で購入する場合がほとんどで、購入後もそれらの情報をなかなか忘れることはありません。ところが、多くの女性が把握しているのは、せいぜい「大きさが何インチなのか」。しかも、それすら翌日には忘れて、「前より大きく、キレイに映るようになった」くらいしか覚えていません。

では、男性に売る場合と女性に売る場合でいったい何をどう伝え分ければよいのでしょうか。それぞれが主人公の物語に合わせた説明の仕方にすることで、これまでよりもずっと響きやすい見せ方にできる可能性があります。

男性には、比較できるように伝える

男性が主人公のストーリーでは、**目指すべきゴールのお城は、たった1つ**しか登場しません。そして、主人公以外の戦士たちも、全員が同じお城を目指して戦う設定になっているため、主人公は、並み居るライバルたちより「優れたアイテム」をより安く手に入れて、早急にレベルを上げ、もっとも強くなる必要があります。

つまり、客観的な比較優位性こそが「これだ！」という1つを選ぶために重要になるので、男性に伝える場合には、性能を比較して**最高の選択肢であることを、論理的に証明**することが求められています。

例えば、男性が化粧品を選ぶ場合には、まるでレベルアップに役立つ武器やツールを選ぶような感覚で、それぞれの成分を確認し、詳細に比較検討することが必要になります。そのため、男性にとっては、正しい選択をするのに役立つ客観的な情報を整理して提供しているＷｅｂサイトは、親切でていねいだと感じるわけです。また、複数の商品を比べるには数値的なデータが役に立ちますから、スペックや性能には細かい数字の表記が必須です。

そして、最終目的が「最高のモノを手に入れる」ことにある以上、多少店員の対応が悪くても問題になりません。「同じ商品ならより安く買うほうを優先する」という極めて合理的な価値基準で行動するので、店の態度で、購入後の商品自体の満足感が大きく変わることも起こりにくくなります。

購入する前に魔法を「疑似体験」してもらう

ところが、女性が主人公の場合には、目指すべきゴールは「本来の自分を取り戻す」ことにあり、それぞれのお姫様が帰るべき**「本来の自分」というゴールは、お姫様の数だけある**のです。たった1つのお城を争って勝ち残っていくストーリーではないので、そもそも競争しなければいけないという前提も、戦わなければいけない前提もないのです。

つまり、女性たちには、性能や機能を細かく比較して、他の人より優れた武器を手に入れる必要が、基本的にはありません。今、目の前にある商品やサービスが自分にとっての「魔法」であるかという一点だけが大切ですから、「自分にしっくりくるか、似合うか」という**極めて主観的な基準で、購入の是非を判断する**ことになります。

当然、数字の扱い方も違ってきます。「女性は数字が嫌い」だと言われることがありますが、見せるべき数字や意味合いが男性と女性とで異なっていることによる誤解にすぎません。女性にとって必要な数字は「客観的なデータ」というよりもむしろ、購入前の商品やサービスを**「より具体的に体感できるディテール」**です。

例えば、小説の情景描写で、主人公が見ているのと同じ景色がありありと目の前に浮かび、その場の温度や湿度、香りなどまで共有したような感覚になることがありますが、女性にとっての数字は、それとまったく同じ役割を果たします。「2週間で1．5kg痩せた」とか「53歳女性」といった数字が

図1 「良さそう」と感じるポイントが違う

男性

純粋にモノの凄さに感動

世界初！
有効成分◯◯を限界配合

当社従来品に比べて、
浸透率が200%アップ

△△テクノロジーが、
◯◯に直接アプローチ！

女性

実感を疑似体験できることが重要

スーッと肌に馴染んでいく

これまでにない感覚が
やみつきに

実感力が違う成分で、
SNSでも大人気

入ることによって、より詳細まで具体的にイメージでき、現実感が増すことに意味があるのです。

つまり、女性に数字を見せる場合には、主観的な文脈の中で、詳細をより鮮明に描き出し、**具体化するスパイス**として使うことが前提になります。お客様は、商品やサービスを実際に使う前に購入しますが、リアルな描写があれば、お金を払う前にあらかじめ疑似体験できるのです 図1。

女性の場合は、体験の質が問われる

そして、女性の場合には「たとえ商品が気に入っても、店員の対応が悪ければ、絶対に買わない」ことも頻繁に起こります。なぜなら、女性にとっての買い物は、客観的な正しさを論理的に判断して「最高のモノ」を手に入れる行為ではなく、購入時の人との関わりやプロセスを含めた**「体験」の質を問う**概念だからです。気分の悪い店員から買ったものには、そのときの感情が永遠に付随してしまうため、買い物をしたときの状況次第で、「モノ」の価値自体が大幅に変わります。

そのため、性能やスペックで優る商品やサービスがあったとしても、嫌いなメーカーや嫌いな店や人からは買うことなど、考えられません。ですから、女性のお客様に売る場合には、いかに快適にお買い物を楽しんでいただけるかに心を砕くことが必要なのです。

実践的まとめ

女性のお客様には、買い物という一連のプロセスの中でどんな「体験」を提供できるのか、お客様との「接点」を考え抜きましょう。

Rule 18

お姫様の買い物は、「出入りの商人」がぴったりの品物を見立ててくれる

男性の主人公は、勇者という役柄で冒険をはじめますから、当初の主人公の身分は「しがない戦士」。つまり、**これからレベルアップをしていく立ち位置**にあります。けれど、女性の主人公は、自分が「高貴な身分のプリンセス」だと気づく瞬間が、物語のはじまりです。「自分は、この場に留まり続けることがふさわしくない」と思うからこそ「本来の自分」を取り戻す旅に出るのですから、たとえ一時的に身をやつしている状態であったとしても、身分でいえば生まれながらの「お姫様」。

つまり、主人公の身分が一般庶民から成り上がる「戦士」なのか、元から高貴な身分の「姫」なのかによって、商品やサービスの見せ方が変わってくることになるのです。ここでも、そもそも「戦士」や「姫」は、どのように振る舞うのが自然なのかを考えることが大きなヒントになります。

「お姫様」に売るには

普通に考えると「お姫様」は、お城をこっそり抜け出す機会でもない限り、自分で市場に買い物に出かけて行くことはありません。「お姫様」にとって普通の買い物の仕方とは、自分の好みにぴったり合いそうな極上の品を見立てた「商人」がお城に提案に来るのが一般的でしょう。

だとするならば、売り手となる「商人」にとっての最初の難関は、お城への出入りが許される「王室御用達ブランド」になることです。もちろん、提案が許されるようになるには、最初はとても大変でしょう。けれど、一度、お城への出入りが許されれば、**競合他社と比較されることはほぼありません**。

何よりも、「お城の出入り商人が、品質の悪いものを持ち込むはずがない」という**強固な信頼関係**をもとに、基本的に「気に入ったら買おう」という前向きな気持ちで検討してもらえることになるのですから、気合いを入れてがんばるだけの価値はあります。

「ベストな選択」をする方法

つまり、女性に売る場合には、まずは「姫」にとっての「出入り商人」と同様に、いかに**信頼されるポジション**を確立できるのかが、すべての鍵を握ります。

女性たちは、情報をたくさん持っているだろう売り手が、専門家としての視点で「私にぴったり」のものをオススメしてくれれば、最高のものが手に入るはずだと考える傾向があります。なにしろ世界中を回って、すべてを比較して自分で選ぶなんてことは、できるはずがありませんから、いっそ信頼できるプロに選定を任せたいわけです。

それに、性能や機能を検討するよりも、圧倒的に「自分の内側」に興味がある女性たちは、自分で調べることを面倒に思う人が多いものです。商品やサービスが**「結果、私に何をしてくれるのか」**という点こそが知りたい情報であり、それ以外は不要な情報だと言うことさえできるのですから、女性に売るには「専門家として、あなたにぴったりを選定しました。これを使えば、あなたはこんな風になれます」と、具体的におすすめするほうが喜ばれることになります。

ただし、女性のお客様の自覚は、あくまで「お姫様」です。「しがない町娘」が、「姫」を目指してがんばっているのではなく、今の姿は世を忍ぶ「仮の姿」にすぎません。たまたま庶民に身分を落として過ごしているだけなのですから、「姫になりたい」あなたにぴったりではなく、**生まれながらの「姫である」あなたにぴったり**という見せ方にする必要があります。

「戦士」に必要な情報とは

逆に、「自分で決めたい」男性にとっては、お店側の主観が入ることは好まれません。何しろ「戦士」が、今後の戦果を左右する「武器」を手に入れる場面なのです。選択を間違えれば命に関わりますから、絶対に失敗は許されません。また、万が一失敗するにしても調べ尽くした上で、慎重に自分で決

図1 必要な情報が男女で違う

男性は、自分で選びたい ➡ 客観的に「正しい」情報を提供する

どういった用途でお使いですか。
今、このジャンルでの売れ筋は、○○と△△で、実質的には二択です。○○にはこういう特徴が、△△はこういう特徴があり、あの機能で比べると○○ですが、この機能で比較するなら、こういうポイントで△△が優れています。
○○のデメリットはこういう点で、△△の欠点は、こういうところです。コストパフォーマンスで言えば、○○かもしれませんが、△△にはステータス感がありますね。
とはいえ、どちらもすばらしい商品なので、どちらを選ばれる方もいらっしゃいます。

女性は、おすすめされたい ➡ 「なぜこれを選ぶべきか」を伝える

こちらの商品、気になりますよね。今、一番人気なんですよ。
○○も流行っているんですが、実は、△△な方にとっては良くても、□□な方にはあまりおすすめできなかったんです。でも、こちらの商品は、○○とは違って、気になるポイントをカバーしつつ良いところを活かすことができるので、□□な方にもぴったりなんです。
○○よりは控えめですが、ちゃんと○○のいいところも入っていて、トレンドを押さえつつ、かえって素敵に見えると、今、スタッフの間でも評判なんですよ。
□□で素敵なお客様には断然これがオススメです。

めるからこそ、納得できるのです。

とはいえ、意思決定に必要になる情報を、イチから自分で収集して整理するのは大変ですから、どれを買うべきかを見極めるために必要な**「客観的なデータ」が比較検討しやすく**まとまっていると喜ばれます。要するに「あなたの代わりに、客観的にわかりやすくまとめておきました。これを参考に、あとは自分で決めてください」と中立の立場で、間違いのない論理的な情報提供ができる専門家のサポートがあることで、購買決定のショートカットが可能になるのです（前ページ 図1）。

もちろん、信頼できるお店から情報を得て「より良い決断」ができれば、圧倒的に有利に戦いを進めることができますから、最高の店を見つけることができた場合には、機密情報扱いです。女性たちのように気安く教え合ったりすることがないのは、男性が主人公の物語では、たった1つのお城を目指して、互いに争う関係にあることがわかっているからなのでしょう。

実践的まとめ

女性のお客様に売るには、まずは「王室御用達ブランド」としての信用を得ることが大切になります。

Rule 19

男性は「客観的な最高」を欲しがり、女性は「主観的な最高」を求める

男性と女性では、意思決定のプロセスがまったく違うので、商品やサービスの「価格に対する感覚」も異なります。というのも、ときにはだまされるかもしれない市場で買うのと、信頼できるお城の出入り商人から買うのでは、そもそも「何にお金を払っているのか」という感覚が違ってくるからです。

男性は商人の「情報」に価値を感じる

多くの男性は「戦い」に勝つために役立つ武器、つまり、他の人がもっている武器よりも高性能で使いやすいものを、いかに効率よく手に入れるかにフォーカスするため、自分の感覚や好みというよりは**「客観的に最高」の決断**を目指します。つまり、客観的な比較検討を通して「同じ状況下では、ほとんどの人が同じ決断をする」という論理的な正しい選択をすることが、買い物の目的になっていることが

多いのです。そのため、専門家に意見を求める場合には「プロがもつ特別な情報網」に価値を感じていることが多く、例えば自分ではアクセスできない評価軸やデータを知ることができたり、他にはないハイスペックの商品やサービスを特別に卸値で手に入れられるかもしれない、という点に期待します。そして、数ある選択肢の中で検討した結果、**なぜこれが最高の選択なのかは客観的に証明**される必要があるため、より価格にシビアでもあります。

女性には、客観データが響きにくい

けれど、女性たちは、客観的な最高ではなく「**主観的な最高**」を目指しています。というのも、いくら他の人にはよく効く魔法だったとしても、自分にとって効果がなければ意味がありません。それに、女性が主人公の物語では、今の自分の延長上にはない次元の異なる「本来の自分」こそが目的地です。少しパワーアップできるツールくらいでは、永遠にたどり着けない以上、これまでの現実を一瞬で変えてしまうくらいにインパクトのある「自分にぴったり合う」魔法が必要なのです。

そのため、女性たちには「客観的な真実」よりも「**主観的な真実**」のほうが人気があります。細かいデータで正しさが証明されるよりも、いかにワクワクできるか、抵抗感なくすんなり納得がいくかが重視され、直感的に「私にとって本物」だと感じられることのほうが、ずっと大切になるのです。

そのため、世間の評価基準である金額には、それほど重点が置かれないことも多くなります。女性にとっての価格は、他との比較ではなく**自分の中での納得度で決まる**ため、自分にとっての価値がしっかりと感じられれば、少しくらい高価でもかまいませんし、気分良く買い物ができることが優先されるのです。

女性には「ぴったり」の提案力が重要

けれど、多くの場合、そもそも何が「自分にぴったり」なのかを見極めること自体が困難な作業になりがちです。というのも、男性のように「客観的に最高」を選ぶだけならば、機能や性能を比較検討し、最上位のモデルを手に入れるだけで足りるかもしれませんが、主観的な判断が最優先される状況では、選択肢は無限大。すべてを自分で検討するのは、とても面倒で疲れる上、調べ尽くせるわけでもありません。それに、後から、他にもっと自分にしっくりくるものが見つかる可能性もあるのです。うっかりすると、いつまでも**最終的な判断に自信が持てないまま**、自分に合うものを探し続ける「ジプシー状態」になりかねません。

ですから、多くの女性は、プロが培ってきた経験と勘に期待しています。「専門家が、私にとってベストを提案してくれるなら、少しくらい多めにお金を払ってもいい」という感覚を持っているのです。

ただし、もちろん判断を丸投げしたいわけではありません。あくまで「お姫様の主観」が優先するのですから、いくら客観的にはぴったりな提案であっても、本人が納得できなければ意味がないのです。そのため、上手な店員さんほど「本人が一番勧めて欲しそうなもの」を無視することはありません。も

図1 **男性と女性が「売り手」に求めるものの違い**

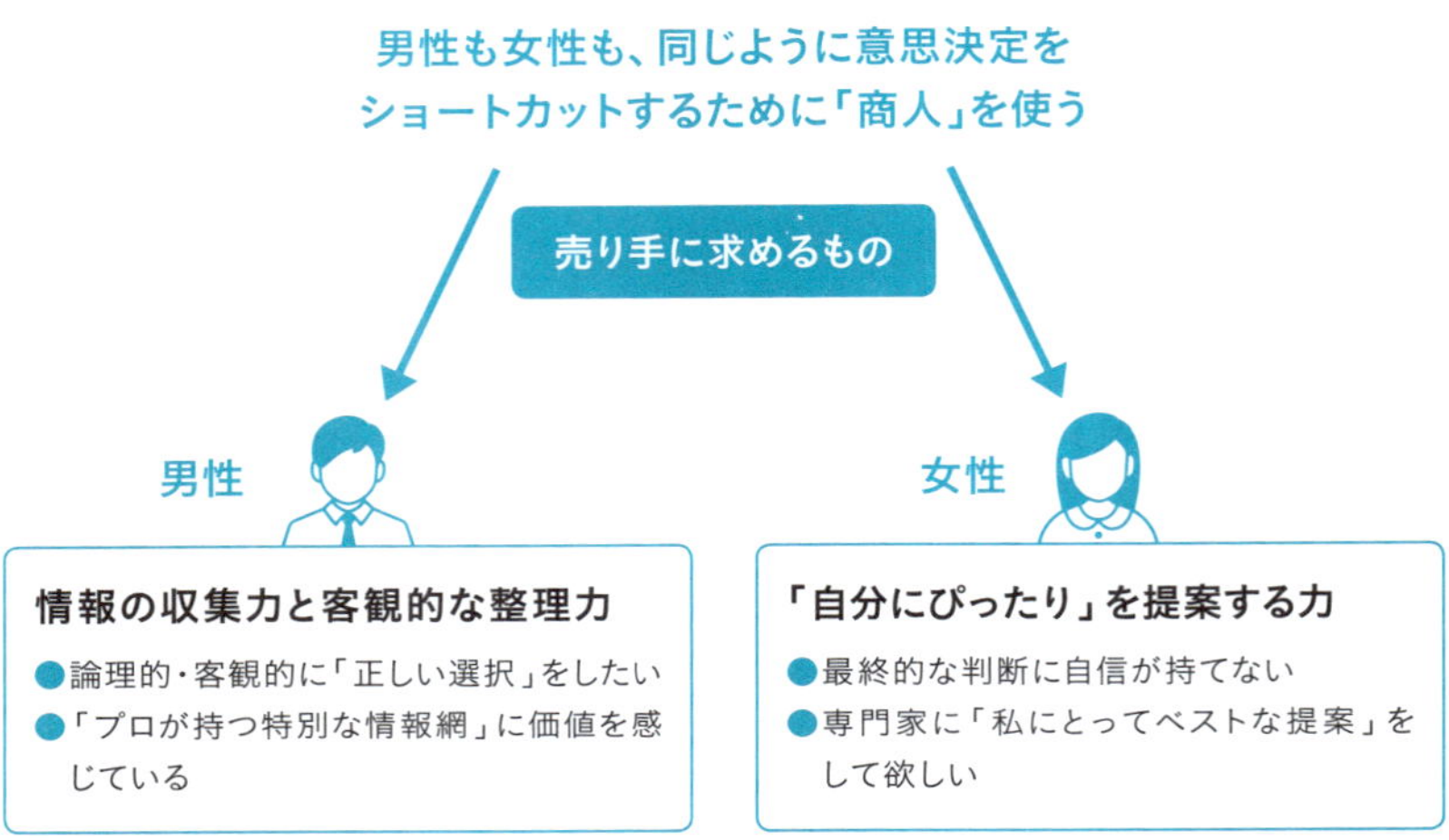

男性も女性も、同じように意思決定を
ショートカットするために「商人」を使う

売り手に求めるもの

男性

情報の収集力と客観的な整理力

- 論理的・客観的に「正しい選択」をしたい
- 「プロが持つ特別な情報網」に価値を感じている

女性

「自分にぴったり」を提案する力

- 最終的な判断に自信が持てない
- 専門家に「私にとってベストな提案」をして欲しい

ちろんお客様の顔色を見ているだけでも、信用されないので、**客観的な判断と主観的な感覚を融合**できる絶妙な提案が求められているのです（図1）。

「お得」はＯＫ、「安売り」はダメ

女性たちは、買い物のプロセスにおいて、いかにすばらしい「感情」を経験するかという内面にフォーカスしているので、他と比較して高い買い物だったとしても、本人が商品やサービスに見合っていると感じれば、それでいいと感じることが多くあります。「お姫様」が、説明を聞いて気に入ったら、「じゃあ、それいただくわ。とりあえず、試してみましょう」というスタンスで買い物をするのと同様に、他商品と詳細を比較して値切るなどということは、めったに起こりません。

というのも、人魚姫が足を手に入れるために、大金をはたくどころか声を失うほどの代償を払えるのと同様、本当に効果がある**本物の魔法はそれなりに高い**のは当然だろうという感覚があり、魔法の効力は値段に比例するイメージを持っているからです。つまり、値切れば値切るほど「魔法」のパワーが落ちてしまいそうな気がするため、少しくらい高いくらいのほうがかえって安心できるのです。

また、女性の場合は、「自分の価値」と「商品の値段」が直結しがちなため、「**自分は、それだけの金額に値する人間だ**」と思いたいという一面もあります。もちろん、消耗品などは特売のほうがうれしいのですが、より人格に直結する商品やサービスであるほど、「安売り」は逆効果になってしまいかねません。「姫」としての自尊心を傷つけないためには「価値の高い商品やサービス」が、何らかの理由で「今だけお得」という見せ方にするなど、工夫が必要なのです。

実践的まとめ

男性は自分で比較して決定するのに「役立つ情報」を重要視するのに対し、女性は、「自分にぴったりを提案できる能力」をより評価しています。

男性は「英雄」にランクアップするが、女性は生まれながらの「お姫様」

はじめは一介の「戦士」に過ぎない男性の主人公が、やがては世界を救う「英雄」にレベルアップしていく物語では、世間からの扱いがそのときの身分によって変わるのも、当然の流れです。けれど、生まれながらの「姫」である女性たちは、どんな状況に置かれていたとしても、**躊躇することなく「特別扱い」を受け入れます**。シンデレラが身分違いを恐れずに、平然とお城に行くことができたのは、はじめから自己認識が「姫」だったからともいえるのです。

男性はランクが徐々に上がる物語を生きている

男性が主人公の物語は、ロールプレイングゲームの世界観と同じです。

つまり、小さな村に住んでいる平凡な主人公が、はじめは木の棒で戦っているうちに、いつしか村で一番強くなります。ところが、もう少し大きな世界に出て行くと、まったく歯が立たず、より高性能の武器に持ち替えて戦い方を身につけ、挑戦を続ける中でさらに強くなり、いつの間にかその地方では無敵になります。そこで、もう少し広い世界に出るのですが、やはりそこでは通用せず、さらに……という繰り返しです。

ろくな武器も持っていない力の弱い頃には、誰にも相手にされないどころか子供扱いされてしまうのですが、少しずつレベルアップをしていくと、次第に頼りにされるようになっていきます。また、影響力が上がるほど、**周りからの扱われ方のランクも上がっていく**ので、旅の途中でも、より快適に過ごすことができるようになるのです。例えば、現実の世界で、飛行機の座席がエコノミーからビジネス、ファーストクラスに上がっていくと、特別なラウンジでゆったりと過ごせたり、他のクラスにはない優先サービスが付随するように、男性の場合は、自分の格が上がるほどに、サービスレベルが上がる世界観に馴染みやすい傾向があります。

そのため、**何ごとにおいてもステータスを上げることに熱中する傾向**があり、「会員ランク」といったステージ制自体が、利用の大きなモチベーションになり得ます。例えば、クレジットカードの上級会員を目指して、ゴールドからプラチナ、ブラックと信用を獲得し、他では得られない達成感や特別なカードを所有する優越感を求めるのは、男性が主人公の物語設定と近い価値観です。

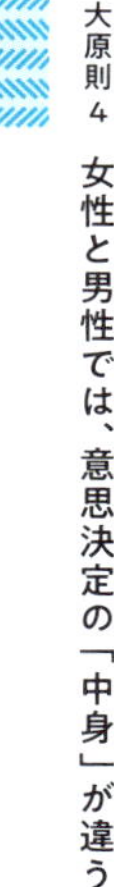

図1 優待のイメージの違い

男性	女性
ステータス獲得型の会員ランクが馴染みやすい	権利付与型の特別優待が馴染みやすい
使えば使うほど、昇進していくイメージ	既存客は、お得で当然というイメージ

はじめから「特別なお客様」

けれど、女性のお客様は、一度買っただけで「上得意様」と呼ばれても、それほど違和感を感じません。なぜなら、今はまだ一度だけの購入かもしれませんが、女性たちは「**お客さんになった以上、特別扱いされる権利がある**」と考えているからです。また、そもそも売り手から得意先への優待のご案内は「これからも関係性を続けたい」というメッセージでもありますから、悪い気がするはずがありません。ですから、積極的に「あなただけ」を依怙贔屓する案内をするのは有効です。

「あなただけ」という言葉を、たくさんの人に語ること自体を躊躇される方もいらっしゃいますが、内向きの関心が強く、日頃から他者の存在をほぼ意識しない女性にとっては、実はそれほど気にならないことが多いもの。それよりも、自分が「特別扱いされている」ということ自体に興味があるのですから、厳密に考えすぎる必要はありません。

某大手企業のアプリも、プッシュ通知で「ポテト（S）無料クーポンを、今だけ、あなただけにお届け！」と送っているくらいです。「一対多」のコミュニケーションではなく、「一対一」のコミュニケーションを数多くしているだけだと考えれば、問題ないはずです 図1。

続けている人が、最優先

ただし、女性のお客様にファンになっていただくためには、**既存客を裏切らないことが最重要**。女性のお客様は、**長く続けている人ほど優待される権利がある**のが当然だと思っているため、売り手が、新規のお客様だけを優先する姿勢は、すぐに見破られます。女性の口コミ情報網は、あらゆることを察知しますから「こっそりやれば、わからないだろう」という考え方は致命傷です。

それに、これから新規のお客様になってくださるはずの方にとっても不誠実な売り手の態度は人気がありません。自分も近い将来、理不尽な扱いを受けることが目に見えているのに、新しい関係性を作ろうとは思わないのが当然です。だからこそ、長期利用の方ほど国賓並みに扱う覚悟が必要です。

実践的まとめ

お姫様は、優遇されることを「当然の権利」だと考えています。権利である以上、確実に優待していくことが重要です。

男性では、
る」かが違う

女性

「減点法」で見る

「運命の出会い」に
ときめいて
衝動買い

“

女性と
何を「信じ

男性

「加点法」で考える

だまされないよう、
比較検討してから
決める

客様は、商品やサービスの案内を読むときには、常に「元が取れるか」を考えつつ読み進めます。はじめから「この人が勧めるものなら、間違いない」と信じているなら、詳しい説明などなくてもお金を払うことが可能です。けれど、逆に「これって本当なの？」と感じる要素があるなら、疑ったままでは買うことができません。ですから、お客様が抱く不安に見合った質と量の「証拠」で「本当なんですよ」と常にバックアップしていかないと、続きを読んでもらうことすらできなくなります。ところが、このお客様の信頼を得るために必要な「証拠」が、多くの場合、男性と女性で異なっているのです。

男性が信用するのは、実質的な中身

男性の物語で、主人公が戦いに使う「武器」を仕入れる際には、今後の「戦い」で必要になる力を見極めつつ、これという一本を選ぶ必要があります。自分の戦い方のスタイルに合うのか、今の自分のレベルで使いこなせるか、これから出会う試練に耐えられるのか、自分の成長に合わせて進化させた使い方ができるか、費用対効果はよいのか、予算内に収まるかなど、各方面から情報を収集し、店の主人に相談しつつも、しっかりと自分で確かめながら決めることになるわけです。

そもそも、戦いに使う武器を選ぶ以上、命を落とす可能性もある重大な決断です。だからこそ、多くの男性は**イメージよりも実質を重視**し、加点法で判断していきます。一つずつ証拠が積み上がるほど「確かに、これなら信用できる」と購入に近づき、逆に**信じるに値する客観的な証拠**が揃わなければ、中身の伴わない営業トークにだまされるわけにはいきません。つまり、競合優位性を示す証拠がしっかりと揃っていて、論理的に納得できる説明であるならば、売り手はとつとつと話す無愛想な店主でもかまわないのです。

女性が信用するのは、共感できるイメージ

ところが、多くの女性たちは、詳細がよくわからないまま「とりあえず試してみよう」と衝動買いをすることが可能です。ですから、パッと見た瞬間にときめいて好意的に読み進めてもらえるほうが、あとから論理的な説明や客観証拠を積み重ねて説得されるよりも、圧倒的に有利になります。つまり、**第一印象の重要度がぐんと上がる**のです。

これは、何も実質よりもイメージが大切だというわけではなく、女性にとっては、商品の品質やサポート体制が前提条件だということに起因します。なにしろ、お城の出入り商人が一度でも怪しげな商品を持ってきたとしたら、即刻出入り禁止になるはずですから、生まれながらのお姫様にとっては、**基本的に売り手を信頼している状態**にあるのが当然です。

そのため、女性の買い物にとって必要な「証拠」は、最初の「よさそう!」という**直感が「間違っていない」という消極的な信用**で十分。品質を証明するデータを揃えることまでは、求められていません。

また、多くの場合、**第一印象から減点法で考える**ことになりますから、うっかり「あれ? 何か違うかも」という違和感が重なってしまわないように、わかりやすく一貫性を持って伝えることが大切です。

Rule 21

第一印象で感じた「ときめき」が本物なのか、確信を得たい

売り手側の発信する「約束」を信用する根拠が、男性と女性で違うのであれば、何が女性にとって納得できるポイントや決め手になり、どんな要素がマイナスポイントになってしまうのでしょうか。

第一印象から減点法で見る女性たちがうっかり「今いる世界」に引き戻されることなく、「新しい世界」に向かってワクワクしながら進むには、どんな情報を提供すればよいのでしょうか。

女性特有の論理とは？

多くの女性は客観的に正しい判断をしたいのではなく、「自分にぴったり」を求めているため、第一印象で「ピンッとくる」「ときめく」という**直感がもっとも大切です**。はじめに浮かんだ「なんとなく良さそう」という感覚が間違っていないかどうかをざっと確認できれば、「魔法」の力を信じて新しい

世界に飛び込んでみたいのです。せっかく「運命の出会い」を果たしたにも関わらず、そのワクワクした気持ちを抑えて、ほかの可能性を検討するなんて無粋なことは、めったにありません。

女性たちが、スマートフォンの画面を高速でスクロールしながら買い物ができるのは、自分の感覚に反する情報がないか、違和感がないかという点だけを見ているにすぎないからです。つまり、「これ、良さそう」と感じた女性を、論理でいちいち説得する必要はありません。初対面の手応えが本物かどうかを、感覚的にわかるようにするだけでいいのです。

逆に女性は、客観的で抽象的な話が続くほど「結局、私に何をしてくれるわけ?」とイライラしたり、飽きたりして離脱することが多いため、商品やサービスの良さを、できるだけ**具体的に疑似体験できるように伝える**ことが大切です。そもそも、ロマンを追い続けることができる男性よりも、実はずっと現実主義者なのが女性たち。細かい話が続くことで、かえって「これを買っても、私の日常が劇的に変わることなんてないのかも」と「魔法」を信じることができなくなってしまったら、本末転倒です。

お姫様は読まないで、直感を信じる

その上、多くの女性は、細かい説明まで読み込んだり、知らない情報をわざわざ自分で調べ直したりしないので、パッと見たときの印象をこれまでの経験に照らし合わせて、「いいイメージ」か「悪いイメージ」かを第一印象で判断することになります。つまり、仮に誤解だったとしてもイメージのほうが勝ってしまいかねないことに、注意が必要です。

例えば、真剣に調べれば、とても安全性が高く、肌にやさしい成分であっても、化学的なイメージを与えてしまう成分名であれば、それだけで「よくわからない」が「怖い」「体に悪そう」に結びつき、女性には不人気ということがよくあります。「化学成分＝悪」「天然成分＝体にいい」という考え方に慣れ親しんでいる普通の女性にとっては、天然由来の成分っぽいイメージ写真をふんだんに使用しているだけの中身の伴わない化粧品のほうが、直感で「よさそう」に思えてしまうかもしれないのです。

かといって、誤解を解くために、必死になって詳しい成分を説明してもあまり意味がありません。多くの女性は、**「読む」のではなく「感じる」感覚**で、ざっと興味のあるところだけを拾い読みをしているだけなのです。

嫌悪感を抱きかねない情報を見せるタイミング

売り手が伝えたい内容を一方的に主張するだけでは、いつまで経っても、良いコミュニケーションは成立しません。ですから、もしイメージや語感、ビジュアルや使用感のほうが、新規の女性客にとっては重要性の高い情報なのであれば、まずはお客様が必要としている情報を提供することが先決です。

また、女性たちは、「これしかない」と決めるのではなく、気軽に試してみる感覚で買い物をするため、はじめてのお客様に成分名を詳細に解説しても、購入の理由にはならないことが多く、論理的な記述が邪魔になることもありえます。男性にとっては、詳細を知らないまま買うことはあり得ないかもしれませんが、多くの女性は、成分名がまったく記載されていないホームページでも、化粧品を買うことができるのです。

つまり、女性が直感的に嫌悪感を抱きかねない情報を出すタイミングについては、**お客様との関係性**の中で、戦略的に考えていくことが大切になります。

実践的まとめ

細かいことを調べないまま買う女性にとっては第一印象が大切。真実よりも、イメージで決まってしまいかねないことを、十分に意識しましょう。

「私にわかりやすく」説明できる人を、女性は信頼する

多くの女性は「ときめいた」「ピンときた」という最初の直感が間違っていないことを確かめるために、まずは、ざっと全体を眺めて、一貫性を確認します。その上で、興味があるポイントだけを詳しく見るのです。そのため、女性に売る場合には、商品やサービスの説明の中から、お客様自身が興味がある情報をすばやく見つけやすくしておくことが重要なポイントです。はじめに感じた「良さそう」という感覚を持続させながら、女性にとって信頼につながる要素、女性が購入前に確認しておきたいと思っているポイントを、探しやすく見せる必要があるのです。

わかりやすさは、信頼の大前提

興味があって積極的に知りたいと思っている内容であるなら、文字が詰まっていても、文章量が多くても、どんどん読めてしまうのは当たり前。ですが、売り込みのための文章を隅々まで読みたいと思っている人は、少ないものです。特に、女性は、どちらかと言うと、文字を読むのが好きではない人が多いもの。「うわっ、字ばっかり…」と思った瞬間に読む気がなくなるどころか、漢文やお経のような単なる字の羅列や模様に見えてしまうことがありますから、はじめから写真やイラストを多めに使い、行間も広く、余白も多いスカスカした構成にしておくのが、女性向けデザインの基本です。

実は女性にとっては、**自分にとって読みやすく、わかりやすい構成**になっていることこそが、信頼につながる要素になります。出入り商人を選べる立場にあるお姫様は、「自分にもわかる説明ができる人」を親切な取引相手だと感じるもの。ていねいに扱われて当然だと考えているお姫様にとって、つまらない話を長々と述べる空気の読めない商人など、信頼以前の問題です。

つまり、いくら良い商品であったとしても、わかりにくい説明しかできない時点でお断りだと思われかねませんから、女性向けの提案では、読みやすさこそが大前提。

例えば、女性向けのファッション誌の多くのページは、パラパラ見るだけで、何を伝えようとしているのかがわかるようになっているのですが、文字を読まなくても写真やイラストだけで見せる構成は、単に、直感的に理解しやすいというだけでなく、実は、自分のことを「ちゃんと、わかってくれている」という信頼感や安心感にもつながっているのです。

図1 客観的に比較できる表（左）と結論が感覚的に理解しやすい表（右）

燃費性能

グレード	燃費	モードA	モードB
A-RX A-SP	18.0km/L	13.0km/L	11.2km/L
B-SP B-EX	20.5km/L	18.5km/L	15.4km/L
C-LX C-LC	19.0km/L	15.3km/L	12.1km/L

化粧水の決め手は**保湿力**です！

	○○化粧水	化粧水A	化粧水B
毛穴	○	○	△
保湿	◎	○	△
美白	○	△	◎

飛ばして読んでも、わかるように作る

とりあえず良さそうだから安心して「試してみよう」と考える女性たちが求める主観的な証明と、詳細を比較検討し「決めてから買う」男性たちが必要としている客観的な証明とでは、証拠の質も量も異なります 図1。

女性に見せる場合には、すべてを読まなくても概要がわかるように、見出しを多めに入れたり、目立たせたい文字だけを極端に大きくして嫌でも目に飛び込むようにしたり、感覚的に理解しやすい具体的な表現を多用したり、どうすればわかりやすくできるのかを追求していくことが求められます。

とはいえ、男性にも女性にも、両方に売りたい商品やサービスもあるでしょう。幸いにも、女性たちは、自分が必要としている情報のみを拾い読みし、そのほかの情報はざっと飛ばして見ていません。ですから、女性にとって必要なポイントを女性が見つけやすいように、逆に、あまり

必要がない情報は読み飛ばしやすくすることで、女性にとっての読みやすさを重視しながらも、男性が必要な情報に配慮したハイブリッド型の見せ方にすることが可能です。

また、もともと女性がわかりやすいと感じる配置やデザインは、要点がつかみやすく、誰にとっても読みやすいものになることが多いもの。ですから、信用を獲得するために必要な情報が、男女で異なることに気を配り、どちらの要素も落とさないようにしつつ、見せ方を工夫すればよいのです。

実践的まとめ

男性と女性では、注目する箇所が違うのですから、それぞれの情報理解の傾向に合わせた対策を講じましょう。

Rule 23

感覚的・体感的に理解して、「わかった気分」になる女性

男性と女性では、どこを詳しく読んでいるのか、逆に、無意識的にどこを飛ばして読んでいるのかが大きく違っています。そのため、それぞれが何を重視しているのかを知り、必要とされている内容が提供できるように注意することで、これまでよりも伝わりやすく、さらに反応のよい文章やデザインにすることが可能です。では、具体的にどこが異なるのでしょうか。

男性は、客観的に比較する

男性にとって価値が高い情報とは、**売り手や書き手の主観が入っていない客観的な情報**です。自分でしっかり吟味して決めたい男性にとっては、イメージや主観的な情報は、比較検討の邪魔になります。

そのため、多くの男性は、無意識的に形容詞・副詞などを省いて読む傾向があります。

例えば「ピーンッ」「しっかり」といった擬音語や擬態語は、男性には、書き手の主観的・感覚的な表現だと受け取られがちです。確かに、論理的に何かを証明しているわけでもなく、現実が歪められている可能性もある怪しげな情報をもとに、正しい判断することはできません。ですから、多くの男性は、**冷静に客観的な情報だけを探しながら**、ていねいに読み進めていくことを好みます。

必然的に、誰が見ても変わらないスペックや機能、数値データが、比較検討しやすい形で提供されていることが、男性の買い物には欠かせません。また、専門用語や成分名など「素人にはよくわからない言葉」が少しくらい混じっていたとしても、あまり問題になりません。多くの男性は、わからなければ自分で検索して調べ、納得してから購入します。むしろ、客観的な情報が多く公開されているほうが「信用できる、誠実だ」と感じるので、男性に売るためには、**論理的に順を追って**細かい情報まで説明し切ることが重要になります。

女性は、五感で感じる

ところが、女性たちは、客観情報にあまり意味を感じず、主観的な感覚を重視する傾向が強くあります。つまり一般的に男性たちが飛ばして読もうとする部分こそが重要で、男性たちが重視している箇所ほど、邪魔になりがちなのです。

例えば、ホームページやチラシの文章を読む場合にも、多くの女性は、まずはざっと見出しや写真を見渡して、「スーッ」とか「たっぷり」といった擬音語や擬態語に重点を置いて読んでいきます。とい

図1 擬音語や擬態語が入ると、感覚的に理解しやすい

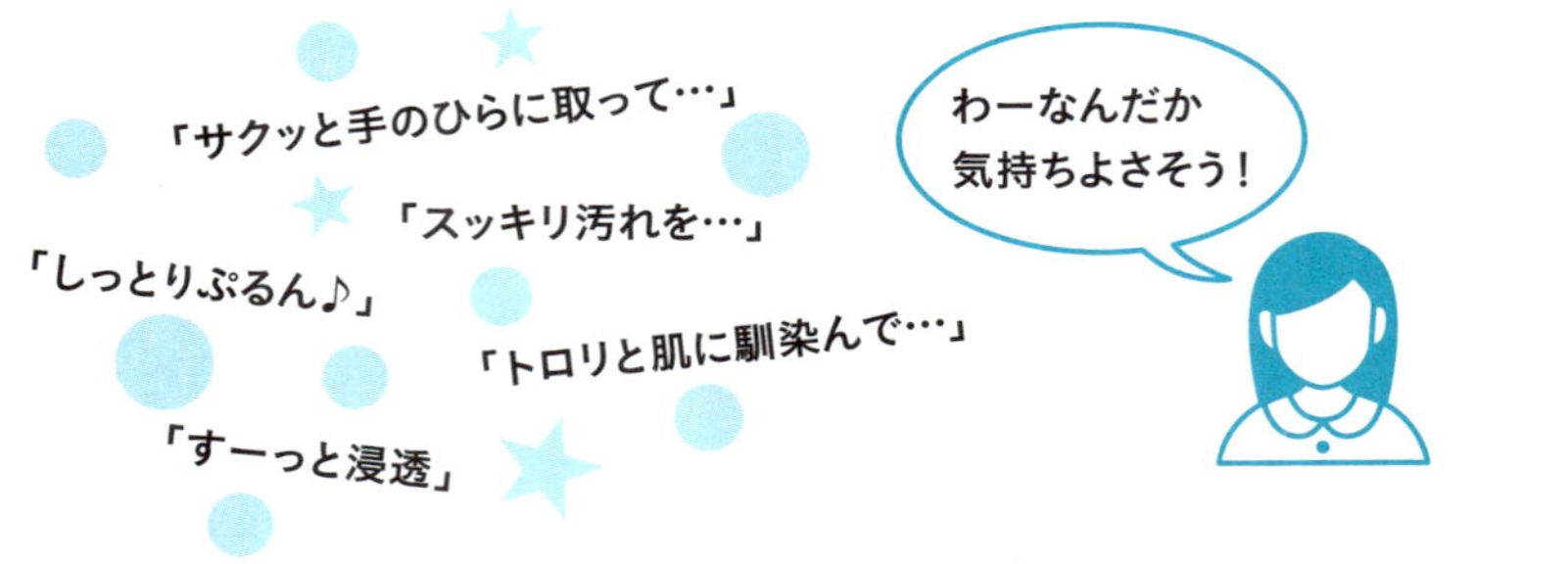

「サクッと手のひらに取って…」
「スッキリ汚れを…」
「しっとりぷるん♪」
「トロリと肌に馴染んで…」
「すーっと浸透」

わーなんだか
気持ちよさそう！

うのも、女性たちは、商品やサービスを使ったときに「どんな風に感じるのか」という**自分の満足感**にフォーカスしているからです **図1**。

もし、男性のように比較検討を目的とした情報を収集しているのであれば、無機質なスペックや機能、数値データを見てもテンションが上がるかもしれません。けれど、自分の内面への関心が強い大半の女性は、情報を客観的に見るというよりも、**感情を込めて共感しながら読む傾向**があります。ですから、感情移入しづらい情報には、あまり興味がない人が多いのです。

つまり、女性に売るには、論理的に説得するよりもむしろ、**商品やサービスの良さを疑似体験**できるように伝えるほうが重要になります。擬音語・擬態語など感覚的理解に通じる表現を多用したり、イメージや例え話や体験談を通して「わかった気がする」のが女性なのです。

女性は、興味のままに拾い読み

自分の主観を重視する女性は、売り手の主張や類似商品との

違いにもあまり関心がなく、自分が興味がある箇所だけが重要です。

そのため、女性にとっては「目に飛び込んできたところ」や「関心があるところ」を中心に、飛ばしながら読むのが当たり前。逆に、男性の多くが「最初から順番に一文字ずつ追って読んでいる」なんて、思いもよりません。

実際、この情報収集の仕方の違いがあまり意識されていないせいで、女性向け商材のヒートマップ（ホームページのどこが凝視されているのかなどがわかる）のデータは、間違って解釈されがちです。

というのも、最初にピンッときたら、直感に反するデータが出てこない限り、「うん、そうそう……私の勘は正しそうね」と読み飛ばしていく女性たちは、違和感のない場所ほど画面を素早くスクロールさせていきます。逆に、読みにくい場所に来た途端に「何これ？」と首を傾げて悩んでいることが多く、必ずしも精読されているとは限らない箇所で止まっているからです。常に男女の購買行動の違いを頭の片隅に入れ、必ずしも自分と同じではないことを前提に検証を進めるようにしましょう。

実践的まとめ

どんな情報に価値を感じるのかは、男性と女性で異なることが多いので、お客様の求めている情報を落とさないように注意しましょう。

売り手は客観的な立場と視点から、「あなたにピッタリ」を提案する

女性に売る場合には、「自分に関係ある情報を見つけやすい」ことが何よりも重要になるため、デザインの果たす役割が大きくなります。けれど、第一印象やイメージの良さだけでは購入の決め手に欠けるため、なかなか「行動」にはつながりません。では、女性たちに、その場で決断してもらうためには、どんな情報が必要なのでしょうか。

男性の求める「客観性」との違い

「自分で比較検討して選ぶ」ことを重視する男性たちは、プロのサポートを情報源として活用します。けれど、お姫様である女性たちは「自分で調べるのが面倒だ」と感じていたり、本当にこれでいいのか、自分の選択に「自信がない」と思っていることが多いもの。ですから、「資料は揃えておいたから、あとは自分で検討してね」と「客観的な情報」だけを提供されて放置されるよりも一歩踏み込んで、「だからあなたにとっては、これがいい」と断言する「主観的な情報」まであるほうが助かるのです。

けれど、よく知らない人から、いきなり一方的に「これがいい」と断言されても、信じることができなくて困りますよね。ですから、女性たちが求めているのは、自分の損得だけを考えて主観的に話しかけてくる商売人ではなく、**「客観的な立場」から私にぴったりをおすすめ**してくれる救世主。つまり、第三者的な立場の専門家です。利害関係のない「立場としての客観性」を持つ人が自分のために十分に比較検討し、取捨選択してくれた情報こそ女性にとっては価値が高いのです。


これは、「お城の出入り商人」がインターネット通販に変わっても、同じことです。多くの女性はネットで本気の調べ物をして比較したいのではなく、自分に商品やサービスをおすすめしてくれる媒体としてネットを活用しているので、意思決定の感覚としてはそう変わっていません。

女性は「友達にいいと聞いた」「インスタで評判になっている」「憧れの誰かが勧めている」、もしくは「アフィリエイトのランキングサイトだとわかっていても、なんとなく納得した」という事情で、あっさり購入を決めることがありますが、これは、無限の選択肢から決めるよりも、信頼がおける第三者からオススメされる範囲内で選ぶほうが危険が少ないと感じる場合が多いためです。つまり、女性にとっては、「あなたには、これしかない」という、**自分専用にカスタマイズされた**情報がもっとも役に立つということになります。

図1 客観的な比較の視点が背後にあることが重要

売り手の営業トーク		売り手が暗に言いたいこと
朝にもお使いいただける軽いテクスチャーのクリームです。		夜にしか使えないタイプのクリームも多いがこれは違う、重くベタベタしているクリームは苦手な人に良いですよ。
すーっと馴染みやすいのに、しっかり24時間保湿力が持続します。		いつまでもベタつくタイプではないので使い勝手がよく、保湿感は欲しいがこれまでクリームを避けてきた人にぴったりですよ。
本格的に年齢肌が気になりはじめる前にケアをしたい方にぴったりです。		そろそろ気になっているなら、早めにケアをはじめたほうがいいですよ。

理解していることが、大前提

おすすめを断言されたいといっても、女性たちは、あくまで「自分にぴったりの選択」を知りたいだけで、客観的な評価を求めているわけではありません。そのため、**一般的なベストをおすすめすれば足りるわけではない**ことに注意が必要です。私の状況を正しく理解してくれて、「私にぴったり」をきちんと提案してくれるだろうという期待感こそが大切になります。

安心して選択を任せることができるのは、圧倒的なプロだと思うからこそ。そして、客観的な目線で比較検討してくれていると信じられるからこそです。売り手側がどんな評価ポイントで判断しているのか、どうして他よりも客観的で、ぴったりのものをオススメができるのかなど前提となる情報を、あらかじめ、わかりやすく伝えておかなくては「あなたに代わって、たくさん調べた結果、これがベストだということがわかりました！」と断言しても、信じてもらえないでしょう。つまり、この人の言うことなら信用できそうだと思える「専門家らしさ」だけでなく、他の商品やサービスと比較する中で、語る視点が感じられることも必要です。

また、最終的に、お姫様は「自分が好きなものを、勧めてほしい」と思っているのですから、本人の希望を無視した推薦では、まったく意味がありません。売り手がどれだけお客様に共感できるのか、**自分がお客様の立場になったとき**に、専門家としてどんなアドバイスが求められているのかという想像力こそが重要になるのです 図1。

実践的まとめ

女性のお客様に買っていただくには、客観的な立場と客観的視点を保ちつつ、主観的に語るのがポイントです。

Rule 25

一目で結論がわかる表やグラフなら、購買の後押しになる

女性に、スムーズにお買い物をしてもらうには、できる限り「面倒」を排除するのがポイントです。例えば、多くの女性にとっては、表やグラフ、統計的なデータは、購買決定の要素にはなりません。なぜなら、女性は「自分にぴったり」が知りたいだけで、すべての選択肢を自分で検討して確かめたいとは思っていないため、いちいち自分で読み解かなければいけないデータがあること自体に、イライラしてしまうからです。

表やグラフが、逆効果になる？

買い物をするときには、多くの男性は比較検討が必須になるため、情報をキレイに表やグラフに整理して提示してくれる売り手に、親切で誠実なイメージを持ちます。けれど、女性の多くは、購買決定時

にほとんど比較をしません。ですから、そもそも比較のための情報をあまり必要としていないのです。

そのため、女性にとって、**いちいち自分で読み解かなければ結論がわからない**表やグラフが出てくると、面倒でやっかいだと感じがちです。表、グラフに苦手意識があると、堅苦しく無機質な表やグラフを見るだけで嫌な気持ちになったり、テンションが下がってしまうことも多々あります。女性たちは「(プリンセスである私が)なぜ、わざわざ自分で比較しなくちゃいけないわけ？ どれが一番いいのか、結論をさっさと教えてくれればいいのに！」と、かえって反発心を抱くこともあり、印象が悪くなるほどに「何かが違う。これを買うのは、私らしくない」と思わせる結果になれば、離脱の遠因にもなりかねないのです。しかも、女性の場合には、男性のように客観的なデータが揃っていること自体は、購買決定の要素にはならないため、なおさら、良かれと思って載せた表やグラフが、意図せず購買を阻害する要素になってしまわないよう気をつけなければなりません。

イメージしやすい表にする

もちろん、表やグラフを掲載すること自体が悪いわけではありません。「私のために、こんなにたくさん調べてくれたんだ」と、より「専門家らしい」イメージにつながるならば意味があります。表やグラフは目立つため、女性たちも途中で目を止める情報の1つ。ですから、せっかく親切のつもりでつけた表やグラフが逆効果になるのを防ぐためにも、パッとひと目でわかりやすく、女性のお客様が「目の前に魔法がありそう」という感覚を持てるような資料になるよう、見せ方の工夫が必要です。

女性にとって、表やグラフが好きになれない最大の理由は、パッと見ただけでは「いったい何が言いたいのか」「結果、自分にとって何がいいのか」という「結論」がわかりづらい点にあります。つまり、一つひとつのデータをたどって見比べなくてはならない本来のグラフや表のまま掲載すると、**自分でどれがいいのかをいちいち考えなければならない**ため、バッと読み飛ばして全体を把握する女性の読み方とうまく合わないのです。

逆に言うなら、女性には、視覚的にイメージしやすく、何を伝えたい図表なのかがハッキリとわかりやすいものが好まれます。多くの女性達は、すべての表やグラフを毛嫌いしているのではなく、**わかりにくい表やグラフが嫌いなだけ**なのです。

ですから、女性がどのような情報をほしいと思っているのかに意識を向けて、より受け取りやすい情報になるよう工夫すべきでしょう。例えば、比較検討した結果がひと目でわかるように工夫した表や、データの動きを矢印などで表したグラフにしたり、何が言いたいのかという結論を吹き出しの中に入れたりするだけでも、女性にとってわかりやすい図表になります 図1 。もし表やグラフを装飾することが難しいならば、少なくとも結論を、近くに大きく書いておく工夫をすることをおすすめします。

図1 結論がわかりやすい表やグラフ

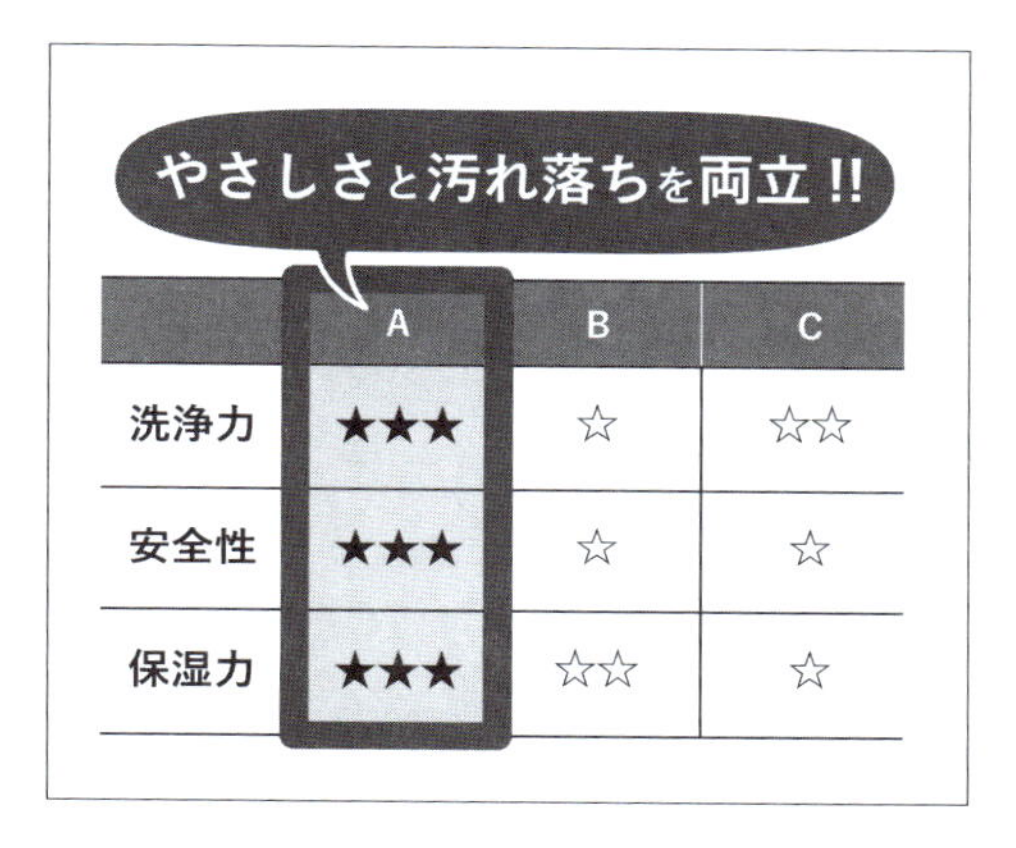

	A	B	C
洗浄力	★★★	☆	☆☆
安全性	★★★	☆	☆
保湿力	★★★	☆☆	☆

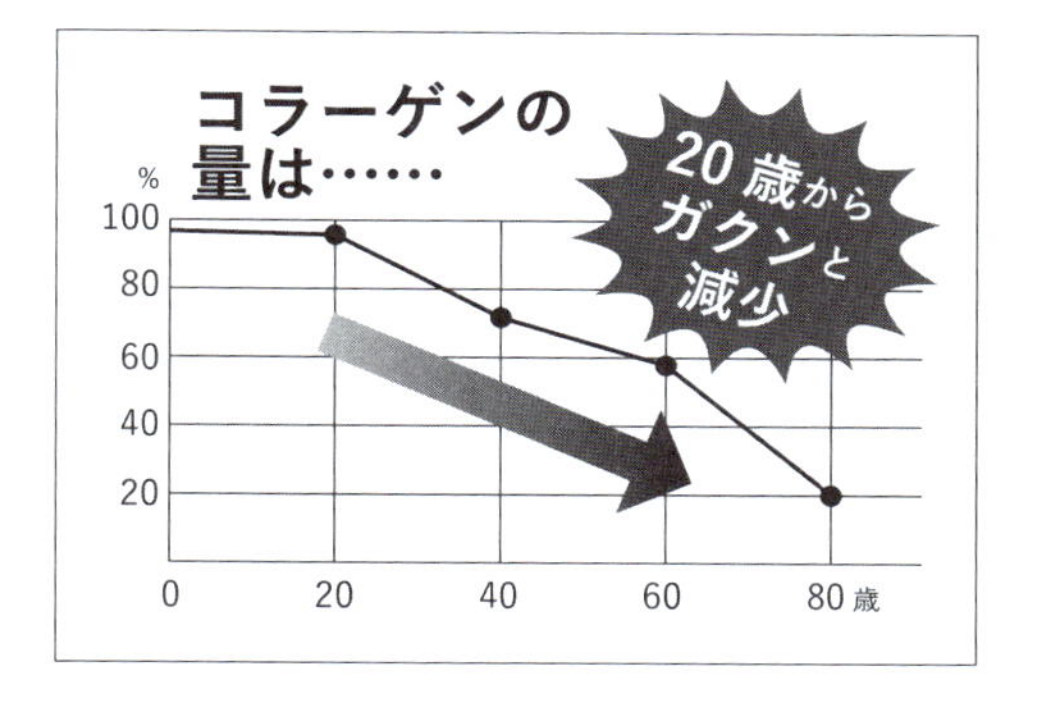

実践的まとめ

男性に親切な情報と、女性にわかりやすい情報は異なります。どちらに売りたいのかによって、適切な見せ方になるように注意しましょう。

☞大原則

6

男性では、築き方が違う

女性

家臣であっても「横の関係」を築く

「私たち」という
価値観を
共有し合う

“

女性と「関係性」の

男性

仲間であっても「縦の関係」を築く

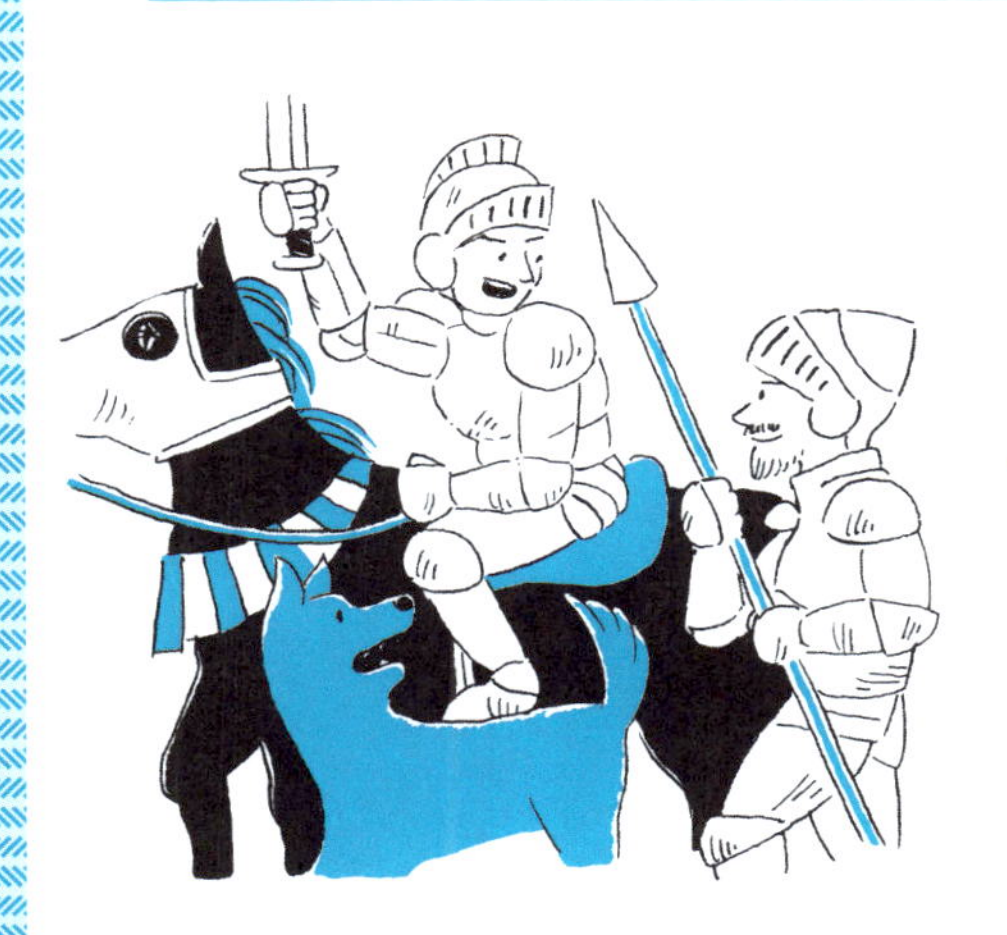

同じチームの
仲間でも
「ライバル」

性が主人公の物語と女性が主人公の物語。もともとの物語の設定が違えば、同じ主人公を助ける「**旅の仲間**」であっても、主人公との関係性が違ってきます。もし私たち商品やサービスの売り手が、ともに冒険の旅をする仲間として物語に登場するとしたら、どのような振る舞いをすべきなのでしょうか。

男性は、効率よく勝ち抜ける布陣に

男性が主人公の冒険物語では、たった1つのゴールを複数人で争うことが前提条件。誰が味方なのかもわからない危険な世界を生き抜いていく設定の中で、**誰よりも早くゴールにたどり着く**必要があります。ときには信頼していた人から裏切られたり、だまされたりすることもあり得る以上、いかに正確な情報を収集し、ライバルより一歩でも抜きん出ることができるかという情報戦をも戦い抜かなくてはいけません。

ですから、すばらしい情報に出会ったら、できる限り、秘密に。そして、共にゴールを目指す仲間であっても、**リーダーとチームメンバーの区別が明確な「縦の関係」を築く**ことが好まれます。迷うたびに仲間割れをして歩みが止まるようでは効率が悪いので、指揮命令系統はハッキリとしていたほうが、ゴールに近づく行動につながるからです。

女性は、継続を見据えた体制に

一方で、女性の主人公が目指しているのは「自分らしい世界」を取り戻すことですから、序列のはっきりした権力構造は必要ありません。それに、比較検討を経て「これだ」という確信をもってから行動に移す男性と違い、とりあえず「試してから決める」傾向が強い女性のお客様の買い物では、はじめから売り手と買い手の関係は一回限りで完結する前提ではありません。「良いものであれば、末永く付き合っていこう」という期待を持って買い物をしているのです。そのため、**「私たち」という価値観を共有し合える親しい「横の関係」を築く**ほうが馴染みやすくなります。

もちろん「生まれながらのお姫様」である以上、いかに親しい「横の関係」であっても、ていねいに扱われて当然という意識はあります。ですから、女性に売る場合にはフランクに何でも話し合える関係を築きつつも、いかに失礼のない対応にできるかがとても重要です。いずれにせよ、お客様がヒーローやプリンセスとして輝けるように助けるには、それぞれの物語における立ち位置に配慮し、適切な関係性が築けるように、見せ方を変える必要があります。

Rule 26

少しずつ親しくなって、「私たち」の価値観を共有する

インターネットで商品やサービスを販売する場合に、ついつい忘れがちになるのが「接客」という概念です。パソコンやスマートフォンを介したとしても、**買っているのは人間**。当然、目の前にお客様がいなくても、店頭で販売するのと変わりない「おもてなし」が必要になります。特に、女性のお客様は、商品やサービスを手に入れることよりも、**買い物のプロセス自体にも大きな価値を感じる**ため、うっかり横柄で不親切な印象を与えてしまっては致命的です。では、具体的にどのようなポイントに注意すればよいのでしょうか。

女性客をおもてなしするには

男性が物語の主人公は、戦士から英雄に成り上がっていくため、社会的ステータスに応じた接客が求

められるだけです。けれど、女性の物語の主人公は「生まれながらのお姫様」。どんな場面でも、ていねいに対応されることが当然の前提になっているので、例えば一流ホテルやデパートのような最上級の接客が求められています。

とはいえ、いったい何が「失礼」にあたるのかは形式を守るかどうかよりも、**関係性を正しく反映した対応**であるかどうかで決まるもの。ある人に言われて「失礼じゃない！」と腹立たしく思った言葉でも、親しい人に言われれば気にならないこともあるはずです。また、逆に、日本語としては正しい表現であっても形式的な対応であれば、かえって馬鹿にされているように感じる可能性もあります。

つまり、ていねいで親切な対応である必要はありますが、慇懃無礼な態度が求められているわけではありません。実際、ホテルやデパートでも、以前よりも人間らしい親しみを込めた接客が好まれるようになっています。重要なのは、どうすればさらに距離を縮めていくことができるか、つまり、いかに旅の仲間としての信頼を築いていけるかを考えることなのです。

親しき仲にも礼儀あり

もちろん、いきなり馴れ馴れしい接し方をしても、お姫様の信頼が獲得できるわけではありません。例えて言うなら、「初対面で、いきなりプロポーズをされたら気持ち悪い」のと同じ。けれど、単に「失礼のない」対応を心がけるだけでは、親しくなりようがありません。何度も接触する中で、少しずつ信頼を積み重ね、親しくなっていく手順を踏む必要があるのは、ごく普通の人間関係を作るのと変わ

図1 売り手とお客様との関係性を深める

「売り手」と「買い手」

常に浮気の可能性あり

「私たち」

選択基準となる価値観を
共有した運命共同体

競合他社にマネられ価格競争に陥る前に、世界観を共有する「私たち」というつながりを作る

りありません。

つまり、はじめはていねいな言葉づかいで相手を気づかうことからはじめ、徐々にフレンドリーな対応に変えていくのが基本です。ただし、あくまでも敬意を払った対応が必要ですから、言葉づかいや話題の目安は、「年上の親しいママ友」や「3歳年上の同僚」と話す程度をおすすめしています。つまり、**仲良く友達付き合いはするものの、あまり失礼な態度を取ることはない関係性**を目指していくのです。

世界観に巻き込む

女性のお客様との関係は、気軽な「お試し」からはじまる場合が多いからこそ、初回だけで終わってしまっては、利益が残らない場合も多いもの。ですから、そもそも女性マーケティングでは、**継続を前提とした関係の構築**(CRM)がとても重要になります。そして、女性のお客様にリピートし続けていただき、ファンになっていただくためには、いつまでも「売り手」と「買い手」という関係性にとどまり続けていてはいけないのです。

店とお客様とが相対する関係では、旅の仲間のような親しい間柄になるのは難しく、いつまでも一方通行の発信が続きます。けれど、お客様に「こちら側」に来ていただき、「私たちは、こういうこだわりを持っていますよね」という横並びの関係性にまで発展させることができれば、**選定の軸となる価値観を共有していく**ことが可能になります。つまり、「私たちって、こう考えるから、こういう商品がいいよね」と、お客様を自分たちの世界観に巻き込んで、**売り手と買い手が同じ目線**で世界を見られるようになるほど関係性が深まるのです 図1。そのレベルに到達できれば、お客様はまるであなたの会社の社員のように振る舞い、自ら情熱をもって口コミを広げはじめることにもつながります。

実践的まとめ

リピートされファンになっていただくためには、失礼のないフレンドリーさからもう一歩深い、同じ価値基準を共有できるグループを目指すことが必要です。

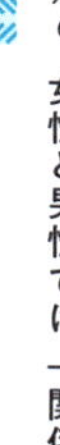

悩みや問題を「他人事」として伝え、遠回しに気づいてもらう

私たち売り手は、物語の中でさまざまな役割を果たし、お客様をゴールに導いていくことになりますが、女性へ売る場合には「お姫様への接客」をイメージすることで、多くの失敗を回避することができます。例えば、王家や貴族の館に自分の商品やサービスを提案しに行くことになったら、上から目線で雑なプレゼンテーションをするようなことはないでしょう。きっと「安いから買うべき」という説得の仕方もしないはずです。では、女性のお客様にはどのような姿勢で、商品やサービスをご案内すればいいのでしょうか。

プロとしてのていねいな説明を

「お城に出入りする商人」であれば、「お姫様」に失礼な話し方をしないのは当然です。けれど、媚びへつらった態度で、気に入りそうなことを言うばかりの商人は役立ちません。お姫様は、**まるで自分のために特別に作られた**ような、「自分にぴったり」の商品やサービスの提案を求めているのです。ですから、お姫様の好みをよく理解した上で、もっとも有益でしっくりくる提案ができてこそ「その道の専門家」。プロとしての立ち位置で選び抜いた、最高の提案をする必要があります。

もちろん、難しすぎて内容がよくわからないようでは、きちんと判断ができません。ですから、うっかりすでにこれくらいの知識は知っているだろうという前提で、お姫様を置き去りにする説明しかできないなら、出入り商人失格です。そもそも素人は、自分がわかっているのかどうかすらわからないため、**うまく質問することができない**のが普通。ましてやプライドの高いお姫様は、自分が知らないということを認めたくはありませんから、お姫様にわかるように説明できないほうが悪いのです。

けれど、当然知らないだろうという前提でいちいち説明されると「侮られて、馬鹿にされている」という逆の印象を与えかねない心配もあります。ですから、女性に説明するなら、お姫様が「自分は前から知っていた」と思えるように、**さりげなく前提知識を埋める説明を入れていく**のが上策です。例えば、「ご存知の通り」というニュアンスで語ると、さりげなく不確かな知識を補足することができます。また、これまでまったく聞いたことがない場所でも「全国屈指のイルミネーションスポットとして今、大人気の」と当然のように言い切ることで、「へぇ、そうなんだ」とその先の説明を素直に受け取ることができるのです。

図1 **女性が受け入れやすい表現の例**

原因は、腸が汚れているから、かもしれません。

先日、こういうお客様がいらっしゃいました。

自分を補ってあげないといけないお年頃

年齢にともなって、これまでと同じやり方では、やせられない人も多いものです。

「自分以外のせい」にすることで、遠回しに気づかせるのがポイント

断定を避け、他人事に

そもそも女性たちは**「悩んでいない、困っていない」という前提**で商品やサービスを見ているので、ストレートに尋ねられると「別に悩んでいない」と答えることが多いのです。ですから、お姫様に売る場合には、問題に直面させたり、悩みをえぐるような直接的な表現を避け、失礼にならないよう配慮する必要があります。

もし**他人事として語られる**なら素直に耳を傾け、「私も心当たりがあるかも…」と共感的に読み進められる内容であっても、「あなたが悪い」という印象を与えかねない言い方で、**正面から強行突破しようとすれば、反発が大きくなります**。ですから、できるだけ断定を避け、例えば「○○な人も多いものです」「もしかしたら○○かもしれません」などと語尾をぼかして語るほうが有効です。

また、受け取りやすい「遠回しな表現」を工夫する

のも、方法の一つ。例えば、「老化により新陳代謝が衰える」と正面から言われると、まるで自分が歳を重ねたことを否定されているようで不愉快に思えるかもしれませんが、「年齢とともに新陳代謝がゆるやかになる」なら、自然の流れにとして受け入れやすくなる上、変化に逆らわず、よりよく生きる方法を積極的に模索しはじめるイメージに微妙に変えることもできるのです 図1。

女性向けの販売促進では、ほんのちょっとしたニュアンスの差が、大きな違いを生みます。頭ごなしに断定するのではなく、よりソフトな表現を工夫することで「言われてみたら、前から気になってはいたけれど、面倒で後回しにしていたのよね」と、**自分から無理なく問題に気づいていただく**ことも可能なのです。

実践的まとめ

お姫様に説明するなら、ちょっとした失点でお役御免になりかねないと心得て、細部にまで気を配ることが大切です。

Rule 28

比較検討するのは嫌いでも、「自分で選んだ」気分になるとうれしい

たいていの女性は、人から指図されたり、あれこれ言われるのが大嫌い。ですから、売り手は、専門家として親切なアドバイスをする必要がありますが、過剰になりすぎて、逆に、無理に売り込まれているように感じさせないように気をつける必要があります。求められているのは、お客様の目線に立った適度なサポートです。お姫様が迷いなく進めるようにするには、**ちょうど欲しいタイミングで必要十分なアドバイスだけ**を提供する必要があります。

ちょっぴり自由を演出する

男性が主人公の物語は、これまでに行ったことがない未知の目的地に向かって、何かを新しく獲得し、レベルアップしながら進んでいく話になっていますが、女性たちが生きるのは、はじめから自分が「戻

るべき場所」がわかっている物語です。つまり、女性の物語の主人公は、何かを新しく獲得するのではなく、元から持っていたはずのものを再確認し、目覚めさせることによって、**あるべき姿に戻ればいい**だけです。つまり、戻るべき場所は、本人がいちばん知っているのですから、進むべき道の指南など、立場をわきまえない無遠慮な進言をする商人は、求められていません。

女性が主人公の物語は、束縛から解放され自分らしさを取り戻す「自由の回復」がテーマになっているため、そもそも押しつけられたり、指図されること自体が、物語の流れに合わない禁忌になります。うっかり「私のことを、ちっともわかっていない、わかろうとしていない」と思われることがないように、**あくまでお客様が主導権を持っている**と感じられること、自由であることが大切になるのです。

誘導が隠された選択肢

ですから、女性に商品やサービスを提案する場合には、専門家の目から見て「もっとも、ぴったりだ」と思う1つだけで押し切るのではなく、姫の意向を無視していないという「態度」を示すことも大切になります。

全体説明を通して「比較目線で選び抜いた」ことがわかれば、あえて選択肢を増やす必要はありませんが、例えば別の観点から見ればベストな「もう1つの選択肢」も同時に見せ、**どちらも自由に選べる雰囲気を演出する**ことも一つの方法です。

図1　女性は「選べる◯◯」が好き

例

- 目的別に選べる４つのコース
- 選べる夏のＷキャンペーン
- おいしさ選べるスープはるさめ
- 自由に選べる丈とデザイン
- 気分に合わせて、選べるカラー
- 素材もサイズも、思いのままに

ただし、どちらかと言えば、自分で選ぶのは面倒だと感じているお姫様ですから、男性のようにすべての選択肢を見せて、自分で選べばいい状態にするのではありません。多くの女性は、途方もない数の選択肢を前に「自分で決めろ」と言われると、突き放されたように感じてしまいますから、単にバリエーションがあるというだけで十分。必要なのは「自由」なのに、選択肢があるせいで、かえって選ぶのに困るようでは、逆に不自由です。

ですから、**プロ目線でしっかりと選択肢を絞り込んだ上で**、せいぜい2つか3つくらいを見せるだけに留めるのが親切な提案になります。ときには「本物の価値がわかる方は、こちらを選ばれます」などと、一度見せた選択肢をさりげなく消してしまう工夫で、満足感を高めることも可能です。

また、何よりも大切なのは、「**自分で選んだ気分**」になれることなので、「こういう人にはこれがベスト、こちらを重視するならあれが一番」などと選択基準もいっしょに提示することで、より簡単に選べるようにしたり、「初心者の方には、こちらがオススメです」などと軽く誘導してしまうのも一つのやり方です。もしくは、「どれを選んでも、そう損はしない」という状況を作り、「あなたの好きなものを選ぶことができる」というワクワク感をアピールするのもいいでしょう。

いずれにせよ、比較検討が面倒な女性に、いかに面倒なことをさせずに、**自分で選んだという「納得感」を感じていただけるか**が重要です 図1。「女性にとっての自由」が感じられる状況をいかにして用意するかについて、いろいろな工夫をしてみましょう。

実践的まとめ

「私にぴったり」をいかに面倒なく、自由に選べるように見せられるかが重要です。

Rule 29

「効果的な魔法」であれば、高くても納得してもらえる

商品やサービスを購入するとき、「価格」をどれくらい重視するかは、人によって違うもの。例えば、多少値段が高くても正規品を買いたい方と、同等の効果効能が得られるなら互換品で十分だという方とに分かれるでしょう。それだけでなく実は、「価格についての感覚」も、男性が主人公の物語と女性が主人公の物語の設定の違いによって傾向が見られます。それぞれの主人公が生きる世界で、合理的な判断の仕方が違ってくるからです。

何に対価を払うのかが違う

男性が主人公の物語では、レベルアップのために武器や装備を手に入れることが想定されていることが多く、物語の主人公は、戦いに必須となるアイテムのために対価を支払います。つまり、**「物やサー**

ビス」そのものに対してお金を払う感覚を持っているため、「同じものが手に入るなら、どこで買っても変わらない」という結論になりやすく、型番商品(※1)であれば「1円でも安く」手に入れることが正義です。

また、男性の主人公は、仲間以外の言葉を信用できない状況に置かれていることが多いため、何かを購入する場合には、客観的な比較検討を優先します。商品の背景にある情報は捨てて、単純に機能や性能を吟味することになりますから、当然、費用対効果の見極めは、よりシビアになりがちです。

けれど、女性が主人公の物語では、相互依存的な信頼関係をベースにした世界を生きており、いかに「本来の自分」にぴったりくるものを見つけられるかがテーマです。何かを積極的に探して手に入れるというよりも、シンデレラのガラスの靴のように突発的に奇跡の品が見つかったら、その価値は「プライスレス」。少しくらい値段が高くても問題ではなくなります。つまり、女性に売る場合には、**主観的な合理性があれば、多少の価格柔軟性が許される**のです。

※1:製造した商品を識別するために、商品番号や製品番号などの「型番」がある商品。インターネット通販では、他店でも購入できる仕入商品を指す。

気分良く、買い物がしたい

実は、多くの女性たちは、純粋に物やサービスの対価として値段を見ているだけでなく、付加的な情

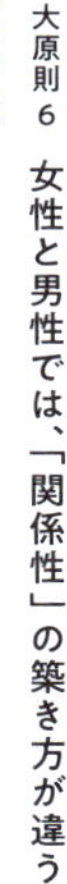

報や経験に対しても、気分良くお金を払いたいと思っています。というのも、「買う予定がなかったけれど、この店員さんから買いたい」「買うつもりだったけれど、この店では絶対に買わない」など、女性たちが気分良く買うことにこだわるのは、**「快適なお買い物」という体験自体**にも価値を感じている人が多く、その特別なプロセスを含んだ値段設定に納得をしているからです。

何しろ、女性にとっては、買い物をしたときに感じた良い気分や最悪な体験は、その場限りで終わりになるものではありません。家に持ち帰った後にも、商品を見るたびにそのときの感情を思い出してしまうため、購入時の体験によって、物自体の価値が大幅に下がってしまうことになりかねません。それどころか、関連したものすべてが疎ましくなったりもするのですから、女性にとっては、どういう経緯で手に入れたものかは、とても優先度の高い問題です。つまり、購入の経緯によっては、男性にとっては「同じモノ」であっても、女性にとっては「違うモノ」になるのです 図1。

だからこそ、女性たちは、最安値で買うことに男性ほどのこだわりはありません。もちろん、野菜や洗剤などの消耗品は安く手に入れられればうれしいものですが、実際には「安くても、あの店はダメ」と**値段以外の基準でもシビアに判断**されています。例えば、食品スーパーであっても、クレジットカードが使えない、ポイントがつかない、駐車場が狭い、駐車料金がかかる、レジ袋に耐久性がない、鮮度が悪い、店員の教育が悪い、店の清掃がなっていない、産地がイマイチ、アフターサービスの安心感など、さまざまな評価ポイントで全体評価がなされ、ほどほどの金額であれば、自分自身の価値観による優先順位の中で、選択することになります。

図1 値段ではなく「特別な価値」を伝える

求めているのは「特別感」

- 私のために、使いやすく配慮されている
- 私のために、先回りして考え、提案してくれた
- 私のために、いつもよりお得にしてくれた
- 私のために、一歩先行く情報を提供してくれる

↓

私のために、がんばってくれている！

要するに、客観的な底値でなくても、**自分の許容範囲内の主観的な底値**でよいわけです。

細部はそれほど気にしない

また、もともと売り手への信頼がある状況で買い物をしている女性たちは、細部を気にせずに買うことが多いのも特徴的です。例えば、リニューアル新発売であれば、単に「新しくなりました」と聞くだけで、これまでの魔法よりも、もっと効果的な魔法だろうと推測するので、女性に売る場合には、詳細な新旧比較表は不要です。

というのも「自分にぴったり」を探しているお姫様に言わせれば、新しくなったのは売り手側の事情にすぎません。買い手であるお姫様には「もっとこだわって、すごい魔法になった」ことで、**自分にどんなメリットがあるか**だけが重要で、最新であるかどうかも、どこがどう変わったかも、あまり関係がないのです。

そして、女性にとっては、より効果的な魔法であれば、

当然高いだろうという前提があるため、リニューアルと同時の値上げであれば、大した説明がなくてもすんなり受け入れられる可能性が高くなります。つまり、あまり比較をしない女性たちには、いかに値段ではない価値をしっかりと伝えられるかこそが、重要なのです。より「効果的な魔法」として見せることができないか、改めて考えてみてください。

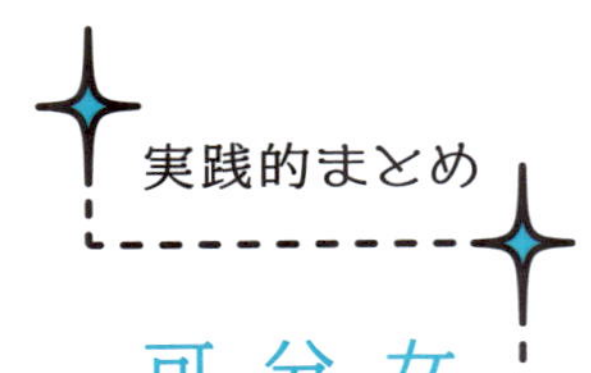

実践的まとめ

女性に売るには「いかに価値を伝えられるのか」が勝負。自分にとっての価値が高ければ、値段ではない基準で選ばれる可能性が高くなります。

「納得感」のないプレゼントや中途半端な提案は信頼を損ねる

行動のモチベーションとなる興味関心の方向性が、自分自身の内なる「感情」にある女性たちは、買い物によって手に入れることができる具体的な何かよりも、**買い物という体験を通して得られる自分自身の「感情の変化」**により敏感です。ですから、購買時に感じる主観的な費用対効果をいかにして最大化できるかを追求する必要があります。

「プレゼント」は逆効果？

男性の買い物では、たいてい客観的な費用対効果が優先されるため、たくさんプレゼントがついているほどお得だと素直に受け取ってもらうことができます。例えば「今なら、同じ価格で2セット手に入る」という提案を見たときに、男性は「同じ出費で価値が2倍」と冷静に考えることができます。です

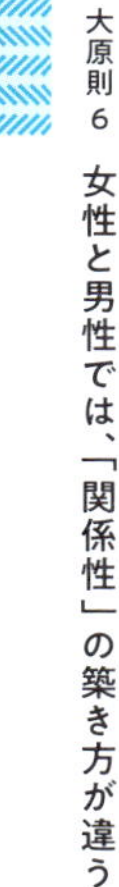

から、自分は1つしか使わないとしても、もう1つは誰かにあげてもいいし、何なら使わなくてもいいと、**合理的な判断**をする人が多くなります。

ところが、女性は同じ提案を見たときに、より感情的な反応をする人のほうが多いのです。うっかり「1つなら欲しかったのに、2つは絶対にいらない」と感じさせる説明になってしまえば、別に損をするわけでもないのに、女性はすべてを買わない選択をします。つまり、たとえ割高になったとしても、自分にぴったりの提案をしてくれる店で買いたい女性にとっては、提案力に疑問を感じさせないような配慮が必要になるのです。

もちろん、同じ提案であっても、積極的に友だちと分け合える印象の説明になっていれば、問題はありません。ただ、女性にとっては、**プレゼントの多さは購買決定に関係がない**ことがほとんど。プレゼントをつけすぎたせいで「そこまでして売りたいなんて、怪しい商品ではないだろうか」と疑われ、かえって胡散臭い印象を与えかねないリスクまであります。ですから、特典を企画する際には、女性が喜んで受け入れられる「納得感のある理由」を、しっかりと考えておくことが必要です。

女性にとって、納得できる理由

お姫様とお城の出入り商人の関係は、長い付き合いになるほど強固な信頼になるため、例えば「長期継続利用をしているから」というお得意様優遇のサービスは、女性にとってはわかりやすい理由の一つです。女性たちは「いつも買っている上得意客ほど優遇される、当然の権利がある」と考えているので、「定期購入の継続のお祝いに、たまにプレゼントがついてくる」くらいであれば、違和感はありません。けれど、毎回ついてくるとなると事情は違ってきます。やたらとプレゼントを贈られるような理由はないからです。結果、「本当は安いものを高く売っているのではないか」と勘ぐられ、「余計なものをつけるくらいなら、もっと安くすればいいのに」と企業姿勢を疑われて、かえって信頼を失いかねないことも。ですから、不自然に豪華なプレゼントよりも、**意外なタイミングでの小さなプレゼント**のほうがずっと喜ばれます。

また、今は、物があふれている時代ですから、お客様にとって必要なものでなければ、許可なく不用品を送りつけられただけに過ぎません。ですから、女性に売る場合には、プレゼントのセンスも問われます。より本質的に「自分にぴったり」くるものであるかが見られているのです。

ベストオファーで提案しよう

多くの場合「せっかくなら、単体で使うよりも、これといっしょに使ったほうが効果的だ」という商品やサービスがあるものです。例えば、化粧水と美容液をセットで購入している既存のお客様が多いならば、ほかのお客様にとっても喜ばれる提案になる場合がほとんどでしょう。

特別な必要のあるお客様だけが組み合わせで買っているのではなく、むしろ、誰にとっても使いやすい組み合わせにたまたま自分で気づいてくださったお客様がいると考えて、ほかのお客様にも同じ組み

図1 不親切な提案の例

売り手

本当は、この組み合わせのほうが効果的だけど、高価な設定になってしまうし…きっとうちのお客様は、これしか買わないだろう…

お客様

効果的な組み合わせがあるなら、おすすめの方法で使いたい！
私にとって最高の提案を、最初から言ってくれればいいのに！

売り手

はじめての方は、まずうちの看板メニューから試して欲しいけど、でも、これを最初に頼む人もいるから、これもこれも一応、全部書いておかないと…

お客様

うーん、どれを選べばいいんだろう？
はじめての人におすすめのメニューって、結局、どれなの？？

合わせでご案内をすれば、人気のセットになることも多いもの。単に、案内していないから売れていないだけ、ということはよくあります。

そもそも「これも、いっしょに使えば効果的ですから、ぜひ」と案内すれば、一定数のお客様は喜んでセットで購入されるものです。

もし、お城でお姫様に提案するなら、最高の体験ができるものを案内するはずなのに、売り手がお客様の財布の中身を気にして、中途半端な提案をするのは、かえって不親切な配慮にすぎません。お客様が欲しいのは、何よりも「結果」なのですから、より結果に近づける提案は、歓迎されることが大半です。ましてや、女性のお客様にとっては、価値がきちんと伝われば、価格のハードルは低くなります。「もっと早く言ってくれたら、はじめからセットで買ったのに」と言われることもあるくらいです 図1 。

生まれながらのお姫様にぴったりの提案がいったい何なのかを改めて考えてみると、きっと新たな発見があるはずです。はじめてのお客様への最善の提案だけではなく、リピーターの方にとってのベストプランも、ぜひ検討してみてください。

実践的まとめ

女性には、プロとしてもっともオススメできるものをストレートに提案しましょう。ただし、特典のつけ過ぎには注意が必要です。

男性では、せ方が違う

女性

ダメだったことを拡大解釈する

自信がない
状態が
初期設定

女性と「未来」の見

男性

うまくいったことを拡大解釈する

なぜか
根拠のない自信を
持っている

少年漫画には、どんなに小さな一歩でも「俺たち凄いんじゃない？ 天才かも！ このまま、どんどん上手くいったら、世界征服も…」と考える主人公が多く登場するのに対し、少女漫画の主人公に自信満々の女の子が採用されることはまずありません。「あの根拠のない自信は、どこからくるのだろう？」と思えるくらいに全能感にあふれた男性の主人公とは対照的に、典型的な女性の主人公は、自己評価が低く、すぐ不安になりがち。それなのに、いきなり複数のイケメンにチヤホヤされる環境に置かれ、「どうしよう…?!」と半ばパニックになる設定が少女漫画には多くあります。

自分で努力しても、自信が持てない

昔ながらのプリンセス・ストーリーの主人公たちも、当初は**ためらいがちで自信がない**場合がほとんど。というのも、女性が主人公の物語の多くは、自分で努力をして実績を獲得していく話にはなっていないため、戦ってレベルアップするたびに、ちゃんと自信を積み重ねていける男性の主人公とは、事情が異なります。女性の物語では、ときに「本来の自分」の姿を垣間見たとしても、今の「仮の姿」を断ち切るための武器を手にしているわけではありません。その上、一歩ずつ目的地に近づけるわかりやすい課題が目の前にあるわけでもないのです。

それどころか、女性の主人公は、自助努力によってゴールに近づこうとしても、運命に翻弄されてうまくいかない場合が多く、かえって自信を打ち砕かれることも多くあります。例えば、シンデレラが、お城の舞踏会に国中の女性が招待されていることを知って、母親の形見のドレスを着ていこうとリメイクしても、継母や姉たちに邪魔されて計画を果たせないのと同じです。**自信がない初期設定**から、勇気をもって一歩を踏み出しても、ことごとく失敗するとなれば「やっぱり、私なんてダメなんだ。夢見ること自体が、間違っていたんだ」と、さらに後ろ向きになるのも当然でしょう。

自信が持てるように導く

自分自身のあるべき「本来の姿」に気づいて、正しい場所に戻るだけという単純なストーリーにも関わらず、その「本来の自分」を心から信じること自体が極めて難しいという設定になっているのが、女性の物語の特徴です。そのため、女性のお客様に売る方法を考える際には、努力を積み上げることを迫ること自体が不適切なこともあります。むしろ、本当に必要なのは、本来の正しい姿を鏡のように映し出す、外部からのポジティブな評価です。

女性たちは、はじめからレベルは上がり切った状態の「本来の自分」として存在しているにも関わらず、**自分だけの力では「本来の自分」に確信が持てない**状態にありますが、「やっぱり私は、この道を進んでいいんだ」という自信さえあれば、もともと行動的な女性たちにとって障害となるものは何もありません。つまり、パワーで押していくというよりも、**ちゃんとサポートをして励ます**ことで、「本来の自分」に確信を持ち続けられるようにすることこそ、女性の物語をゴールへ導く鍵なのです。

Rule 31

レベルアップや努力ではなく、「じわじわ効く」魔法として見せる

「欲しい」という気持ちをぐっと後押しするためには、理想の未来が「思っていたより、ずっと手軽に手に入る」ことを理解していただくことが必要です。特に、女性に売る場合には、**一瞬で「本来の自分」を取り戻せる「魔法」**として見せることが、「簡単さ」や「手軽さ」を説明するのに役立ちます。

もちろん「魔法」である以上、努力はいらないのが大前提。女性が主人公の物語では「魔法」にかけられさえすれば、どんな状況からでも欲しい未来が手に入ることにこそ、意味があるからです。

「魔法」に見せられるか

男性が主人公の物語では、挑戦を重ねて徐々にレベルアップをしていくこと自体が、ゴールに近づく唯一の方法です。特に、お城の奪取を目指す冒険物語では、敵を効果的に倒していくために、良い武器

や仲間を手に入れられるかが鍵を握ることが多いもの。ですから、男性に商品やサービスを説明するときには、いかに効率よく敵を倒せるか、目的地に早くたどり着くために役立つかに主眼が置かれます。今までよりもすばらしい武器が手に入るからこそ、より早く簡単に目的地にたどり着けるからです。

けれど、女性の主人公は、お城にたどり着く前からずっとお姫様だったのですから、そもそもレベルを上げるために戦う必要はありません。女性のお客様が求めているのは自分が魔法にかけられること自体であって、戦いに役立つ効率のよいアイテムが欲しいわけではないのです。ですから、説明すべきは、商品やサービスが、いかに一瞬で自分の周りの世界を変えることができるか、そして、それによって自分が**どんなすばらしい感情を体験できるか**という「魔法」の効能になります。

つまり、女性の買い物における「手軽」で「簡単」とは、効率よく旅を進められる道具を指しているわけではなく、**努力不要で一瞬で「本来の自分」に戻れる「魔法」**を意味するのです。

もちろん、実際の商品やサービスが「魔法」ではないのは、女性たちも重々承知しています。ですから、現実社会で、おとぎ話のような「魔法」を期待しているわけではありませんが、それでも女性たちは「魔法っぽく見える」ものにときめきます。つまり、より女性に響きやすい商品説明にするには、あえて「魔法っぽさ」を排除するのではなく、無意識的に女性たちが求めている素直な流れに沿って話を展開したほうが、ずっと伝わりやすくなるのです。

「じわじわ系」の魔法とは？

「実際の商品やサービス」と「物語に出てくる魔法」のもっとも大きな違いは、魔法にかかるタイミングと効き目でしょう。物語に登場する「魔法」は目に見えて、その場で効果を実感できることが多いのですが、現実世界では、効果が一瞬で現れる「魔法」ばかりではありません。例えば、塗ってすぐに結果がわかる美容液や、飲んだ瞬間に体感できる即効性のあるサプリメントなどは、ほぼ存在しません。通常は、きちんと用法を守って継続していただくことで、徐々に期待されていた「魔法」の効力が発揮できるものです。

つまり、「魔法」の効果はじわじわと表れてくるのが普通で、約束された効能を感じていただくためには、**多少なりともお客様の協力が必要になる**のです。とはいえ、うっかり「毎日続けること」を「努力」と見せてしまうと「魔法っぽさ」は微塵も感じられなくなってしまいます。つまり、その瞬間に、武器を手にレベルアップを果たす男性が主人公の物語に変わってしまいますから、女性には、あくまで「一瞬で本来の自分を取り戻せる魔法」である前提は変えないまま「**じわじわと効いてくる魔法**」として見せるべきなのです 図1。

さらに、女性たちは、ちょっとしたことですぐに不安になってしまうので、**自信を持って使い続けていただくためのサポート**も必須になります。自分でがんばるというイメージをできる限り軽くするだけでなく、むしろ「じわじわ系魔法」が効いてくるまでの期間をいかに楽しんでいただけるかに、心を砕くのです。

図1 「じわじわ系魔法」をフォローする流れの例

実は、3ヶ月続けたあたりから、
ぐんっと違いを実感したという、お声が多いんです！

そろそろ、こんな変化を感じていませんか。
感じているなら、もう一息。
この調子で続けていきましょう！

せっかくここまで積み重ねてきたのですから、
今、あきらめてしまったら、もったいない！

魔法から覚めても得られるもの

女性の物語における「魔法」の本質は、いつかは解けてしまうものというよりも、「本来の自分」が一瞬のうちに現実化することで、主人公本人が、**これまでと違う生き方に自信を持てる**ことにあります。シンデレラの魔法が深夜12時の鐘が鳴った瞬間に解けたとしても、主人公自らが「本来の自分」を確信できた後に、物語の流れが変わることはありません。

ですから、ある意味ではフィクションともいえる「魔法」として見せることは、嘘や偽りを推奨しているわけではないのです。「魔法」として見せること自体が、女性たちに自信を与え、勇気づけてくれるからこそ、「本来の自分」を取り戻す物語は、意味があります。男性に売る場合に「ヒーローズ・ジャーニー」といわれるストーリーを使うのが常套なのが、男性たちの気持ちに沿うのと同じことなのです。

売り手の都合を優先し、独りよがりな説明になってしまったら、商品やサービスの本当の魅力は伝えることができません。お客様の気持ちに沿った見せ方を追求する中で、女性が主人公の物語の本質をうまく応用することができれば、きっと大きな違いが生まれるはずです。

実践的まとめ

「魔法でない」と感じてしまいかねない要素は極力排除し、じわじわ系の魔法の効果プロセスをしっかりと見せて、励ましていくことが大切です

結果を保証するよりも、「自信のなさ」を払拭してあげる

お客様に、新しい一歩を踏み出していただくための最後のひと押しとして、よく使われるのが「保証」です。購入に際して「お客様が感じるリスク」を「売り手が肩代わり」することで、より気軽に試していただくことができるという意味では、もちろん女性のお客様に売る場合にも、使えないわけではありません。けれど、女性たちが求めている保証は、男性たちが期待している保証とは、少々違う意味合いを持っています。

男性には「結果にコミット」を保証する

そもそも、多くの男性は、**すでに顕在化した「具体的な問題」を解決する**ために買い物をします。つまり、せっかくお金を払って手に入れた解決手段が機能せず、依然として悩みが続いてしまったり、レ

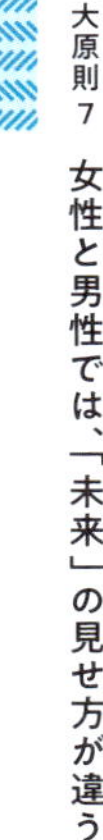

ベルアップのために役に立たなかったりするなら、男性にとっては、まったく購入した意味がないことになります。

また、「購入イコール決定」の男性の場合（➡92ページ）、最終的に「これだ」と1つに決める瞬間には、たいへんなストレスが伴うはずです。念入りに比較検討をした結果、これならだまされていないだろうと「正しいはず」の選択にたどり着いたものの、どこかに死角があるかもしれません。どれだけ情報を収集しても、絶対に確実な選択などあり得ないのです。ですから、男性にとって、**購入の一番のリスクは「結果が出ない」こと**にあります。

だからこそ、男性に売る場合には「**結果と連動した保証**」内容が響きます。例えば、「3ヶ月以内に結果が出なければ、全額返金します」といった返金保証が、男性向けによく使われるのは「結果が出なかったらどうしよう」という不安を抱くことなく、リスクを取らずに購入できるからです。売り手が、**購買決定時の最大のストレスを肩代わり**してくれることは、男性にとっては、最後の後押しになります。

女性には「安心」を保証する

ところが、女性の場合には、返金保証が購入の理由になることはほとんどありません。そもそも返金保証がついていてもあまり見られていませんが、あまりに保証期間が長すぎるとかえって「怪しい、気持ち悪い」という理由で売れなくなることもあるくらいです。つまり、男性よりも細部に目が行きがちな女性にとっては、「どうして使用後も返金が可能なのか」についての**合理的な説明**が必須。保証がつ

図1 **感じるリスクの傾向を踏まえて、不安を払拭してあげる**

感じるリスク
結果が出なかったり、効果を感じられなかったらどうしよう

リスクの払拭
結果が出ない場合に、返金

感じるリスク
イメージと違ったり、続けられなかったらどうしよう

リスクの払拭
継続できない場合に、残金を返金

いている理由に納得がいかなければ、「そこまでして売りたいのか…」と逆効果になることもあり得ます。

また、男性と女性では行動のモチベーションが異なっているため、保証をつけることによって**「守るべき顧客のニーズ」**も異なります。

例えば、ゴルフを習う目的は、多くの男性たちにとってはスコアアップです。けれど、多くの女性たちの目的はレベル上げではなく「本来の自分」を取り戻すことにあります。男性にとっては「え？ 結果が出ないと、意味がないのでは」と思われるかもしれませんが、女性たちにとっては、誰かに勝つためのスキルを身につけるというよりも、**その場にいることが楽しいと思える**ことのほうが重要。「もっと自由に、自分らしくあるため」に、ゴルフに挑戦してみようと思うのですから、満足の発生事情が違ってくることになります。

つまり、スコアという客観的な結果を求めていない多くの女性にとっては、「スコアが上がらなければ返金」とか「やせなければ返金」といった保証の仕方はナンセンス。**より主観的な**

満足に訴求するほうが、ニーズにマッチする傾向があるわけです。

加えて、自分にあまり自信がない多くの女性たちにとっては「**続けられるだろうか**」という不安をサポートすることが大切になりますから、例えば、「配偶者の転勤や子供の入院、親族の介護など、自分の意志と無関係に強制終了になってしまう事情が発生して、万が一、通えなくなった場合でも、残りの金額をきちんと精算してお返しするので、考えすぎなくても大丈夫ですよ。安心して『本来の自分』を取り戻すために飛び込んでください。」といった内容の保証のほうが、より親切で気軽に入会できると感じる場合もあるのです（前ページ 図1 ）。

なお、女性にとっては、もしものときの安心が店への信頼につながります。ちゃんと自分の不安をわかってくれていて、先回りして解消しようとしてくれている姿勢こそが評価ポイントなので、多くの場合、必ずしも全額返金でなくてもよいのです。いずれにせよ、より効果的な保証のつけ方ができないか、検討してみることをおすすめします。

実践的まとめ

女性のお客様には「目標達成の実現」を保証するよりも、「安心できる」「自信が持てる」を保証できるよう、考えてみましょう。

「本気」すぎて「ヌケ感」がないと自信を失ってしまう

多くの女性にとって「毎日の暮らしに手をかけて、ゆっくり、ていねいに生活する」ことは、憧れの一つ。けれど、そんな暮らしが可能だとは当の女性たちも信じていません。では、その理想と現実とのギャップを、どのように解消して見せていくべきなのでしょうか。

自然にやさしく、でも無理はしない

女性たちは「美しい」ものが大好きで、かわいいもの、きれいなものに釘づけになります。ですから、本当は身の回りの環境にも自分自身にもきちんと手をかけて、いつも「美しい」状態を保ちたいのです。けれど、仕事に、家事に、親戚づきあい、子育てや介護、地域行事や趣味の集まりなど、何かと忙しい毎日を過ごし、余力がないときも多いもの。その上、マルチタスクが得意な女性たちは、何でも一人で

図1 「ちゃんと手をかけてあげてる"感"」が伝わるコピーの例

- すっきり、ていねいに暮らす
- 北欧の道具と暮らしたい
- シンプルライフを楽しむ
- やさしい毎日
- 私らしさをかなえる、日常のぜいたく
- 古いモノを大切に使い続ける
- 世代を超えて大事に受け継いでいきたい…
- 「普段を大切にする暮らし」に似合うデザイン
- 大切に使い続けていただくために

抱え込んでしまう人が多く、時間的にも精神的にもいっぱいいっぱいの日常をどうにか過ごしているのが現実ですから、女性たちは、理想の生活を実現することが不可能に近いことに気づいています。

ただ、それでも**「本来の自分」にふさわしい生活を完全にあきらめることはできない**のです。

つまり、注意すべきは、ほとんどの女性たちは、自分の利便性や快適さを犠牲にしてまで、哲学・思想を貫くタイプではないということです。

例えば、エシカル、ロハス、スローフード、マクロビ、有機無農薬などのキーワードに代表されるものを好み、少し割高であっても「いいもの、確かなもの、本物」を選びたいと考える人の大半は、決してベジタリアンになりたいわけでも、地球環境保全を何より優先する活動家でもありません。野菜たっぷりの食事を「できるだけ」選ぶようにはしているけれど、たまにはケーキも食べたいし、お友達と飲みに行くし、「あまり窮屈なのは嫌だ」という柔軟な考えを持っている人が多いのです。

がんばりすぎない「ヌケ感」が大切

街中に「ほんのり」「ちょっぴり」「プチ」「○○気分」といった「本気で追求するわけではない」という入門イメージや婉曲表現があふれているように、何不自由なく暮らすプリンセスに、苦行を耐え忍び主義主張を貫くイメージはありません。自分にとって「居心地がよい」と感じられる空間や時間や関係性を、自分なりに追求し維持することで、「私って、やるじゃん！」と今の自分に納得し、自信を持って生き生きと明るく生活することを求めているのです。多くの女性たちは、自分なりの「こだわり」を表現した選択をしたいのであって、無理をしたり、がんばったりする毎日は「自分らしくない」「自分に似合わない」という感覚にあります。ですから、あまりに本気度が高いストイックなものよりも、**それっぽい「雰囲気」や「気分」**を味わえる幸せ感のあるもののほうが好まれるのです 図1。

実践的まとめ

「ちゃんと手をかけてあげてる〝感〟」が重要。自信を持って、「憧れ」を生きることができるように見せていくのがポイントです。

Rule 34

現代を生きるお姫様はポジティブに年齢を重ねたい

女性たちにとって「本来の自分」として生きることを妨害する最大の原因は、安易に「妥協」したり「あきらめる」ことです。「どうせ、誰が見ているわけでもないし…それに、今さら、変われないかもしれない」と言い訳をするのではなく、「もっと自信をもって、自分らしく輝き続けたい」と思うからこそ、商品やサービスの購入につながります。では、どうすれば、思い切って新しい一歩を踏み出してもらえるのでしょうか。

年齢に似合う「本来の自分」

「もう歳だから」と投げやりになるのではなく、いつまでも自分らしく思いのままに、もっと欲張って生きることこそが、女性たちの本当の願いです。

図1 年齢を重ねることをポジティブに楽しむフレーズ例

- 8年前とは違う大人のいい女
- 大人なら知っておきたい、和食のマナー
- おしゃれをあきらめたくない
- 「きちんと感」もちゃんと両立
- 今だからこそ、できること

意外に思われるかもしれませんが、多くの女性たちは年齢に抗いたいわけではありません。もちろん「肌や体力の衰え」にがっかりすることはありますが、若い時代はすでに経験済み。一時期「小娘に負けない」という男性的な価値観が流行ったこともありましたが、本来は、同じ土俵で勝ち負けを競いたいなんて思ってはいないのです。適応力があって柔軟な女性たちは、むしろ若い世代に憧れられる「余裕があって、格好いい大人の女性」として、次のステージをより楽しみたいと願っています。

そんな背景の中で使われる「大人の」「大人なら」というフレーズは、「老い」をネガティブに捉えるのではなく、より積極的に「価値があること」として受け入れることを可能にしてくれる言葉です **図1**。

ただし、「大人の女性にふさわしい振る舞いをしたい」という願いは、年齢を重ねるごとに感じる **「もう若さを売りにできなくなる」という危機感の裏返し** でもあります。「若さ」に大きな価値を置く社会において、20歳、30歳、40歳…と各年代をまたぐ瞬間や、就職・結婚・出産などの「人生の節目」を迎えるたびに、また、合コンや趣味の集まりの中での年齢比較や、後輩の入社などで「自分よりも若い女性たち」が自分の周囲に押し寄せてくることを感じるたびに、「若さ以外の他の何か」を身につけなければという、社会的な「焦り」を感じる女性は多いものです。

けれど、世間の「若さ至上主義」に翻弄される必要はない、と気づきはじめた女性が、これまでにない勢いで増えつつあります。既成概念から解放され、「本来の自分らしさ」という自由を思いのままに謳歌できる時代だからこそ、今の女性たちは年齢を悲観していません。もっと**ポジティブに歳を重ねたい**と願っています。今、幅広い世代の女性の心をつかんでいるのは、**その年代として美しくあること**に手を抜かず、いつまでもキラキラと輝いている大人の女性たちなのです。

いくつになっても「姫」であり続けるために

多くのおとぎ話では、主人公は歳を取らず、後日談が語られることはありません。けれど、もしプリンセスが最高に素敵なままで、過ごしたとしたらどうなっているでしょうか。これまでの人生で得たかけがえのない経験を活かし、その年代でないと醸し出せない魅力をまとい、より輝いた存在でいることでしょう。ですから、**「仮の姿」である現状**を、安易にあきらめることは、多くの女性が本質的に求めている「プリンセス・ストーリー」からの離脱を意味します。つまり、「キレイなママ」でい続けられるか、「オバサン」に成り果てるかの瀬戸際においては、やはり、どれだけ「本来の自分」を信じられるかがポイントなのです。

「変わるのは面倒だし、どうせ、今さら、誰が見ているわけでもないし……ま、いいか」と楽に流されるか、ちゃんと正しく手をかければ「まだまだ大丈夫」と考えられるかが大きな違いを生み出します。美しく歳を重ねていくには、ある程度の自覚と努力は必要になるため、年齢を理由に「女を捨てる」かどうかは、大きな分かれ道になるのです。けれど、たとえ一度「オバサン」になってしまったかのように見えていても、女性たちは、**いつでも「本来の自分」に戻れる**のが、「プリンセス・ストーリー」の本質。だからこそ、多くの女性にとって、「妥協しない」「あきらめない」というフレーズはもちろん、さらに一歩進んで「どちらも」手に入れよう、もっと人生「欲張ろう」というメッセージは、ぐっと響きやすくなります。

女性にとっての買い物は、究極的には**「自分に自信」を持つための手段**です。その行動原理は、「誰かに褒められたい」とか「恥ずかしい思いをしたくない」といった「他人からの評価」を求めるのでもなければ、異性に「モテる」ことを目的にしたものではありません。ましてや、同性間で「抜きん出る」ため、競い合って「勝つ」ためのものなどではないのです。

実践的まとめ

今を生きるお姫様たちの気持ちに沿って、より魅力的な「本来の自分」を提示し続けることが大切です。

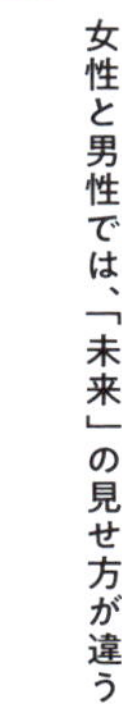

COLUMN

売れる文章やデザインができるかどうかは、どれだけ顧客の実態をつかめるかにかかっています。男性でもエンドユーザーに真摯に向き合い、実際にお客様が語る言葉を集める努力をすれば、女性に売れる良い文章が書けるはずです。逆に、同性であっても、例えば自分よりも年齢が上の女性をターゲットにした商材などは、書くのが難しい場合が多くなります。

特に、美容ジャンルは年齢が3歳違えば考えていることが異なります。私自身も30代前半の頃は、シミやシワやたるみを実感としては理解できなかったので、ターゲット年齢の人に見せてはダメ出しを受け、何度も書き直す必要がありました。今でも書く前はもちろん途中の要所で、また書いた後にも自分以外の人の反応を必ず確認します。また、女性の場合には本人の年齢だけでなく、夫や子供の年齢によっても優先順位が変わり、考えることも異なります。

つまり、自分は「何もわかっていない」という認識を持ち、文章はもちろん、細かいデザインや写真に至るまで、どれだけ「自分以外の人」に聞くことができるのかが一番の鍵になります。

多くの女性の「好き、嫌い」という直感は間違っていません。けれど、その理由を言葉で説明するのは至難の業。ましてや、狙って当てるには、地道な作業を続ける以外に道はありません。できることはすべてやる心構えで取り組めば、売り手の性別など関係なくちゃんと売れるのです。

おわりに

男性と女性が求める「物語」の違いから、女性の購買心理・購買行動を解き明かすこの「プリンセス・マーケティング」理論は、拙著『ネットで「女性」に売る』の刊行後、私が思っていたよりもずっと応用が効くことがわかってきました。

多くの方がご自身のビジネスに活用してくださった結果、単に、インターネット上の商品説明の書き方や見せ方を変えるだけに留まらず、商品構成や値付けを変えたり、実店舗でのセールストークを改善したり、イベント企画の内容を変更したり、さまざまな場面で素晴らしい成果をご報告いただいています。

また、私の主催するオンラインサロンのメンバーとの何気ないやり取りや、講演に伺った先での質疑応答などを通して、日々理論が深まるにつれ、これほどまでに男性と女性で考え方が違っていたことに、私自身も驚きを隠せません。

当初は、女心がつかめず困っているのは、男性の方だけだと思っていたのです。なにしろ、ほとんどの場合、女性の直感は、間違っていません。理由はうまく説明できないかもしれないけれど、「なんとなく嫌」とか「こっちのほうが好き」という感覚自体は正しい場合が多く、自分を信じて突き進んでいただければ間違いないのです。けれど、多くの現場で、女性たち自身も悩みながら試行錯誤をしていることを知るにつれ、「漠然と感じている」内容をきちんと言語化できれば、もっと自信を持って活躍していただけると思うようになりました。

たまに「うちは、女性スタッフに任せています」とおっしゃる男性幹部の方もいらっしゃいますが、注意が必要です。例えば、家庭によくある冷凍冷蔵庫。女性たちに素直な意見を求めたら、きっと「冷凍庫が小さすぎて、入らない」という声を聞くことができるでしょう。

肉や魚などもまとめて購入して冷凍しておきたい、パンや多めに作った料理や、炒めた玉ねぎ、冷凍パイシートなどの半調理の食材なども冷凍庫に入れたいし、夏場に溶けるチョコレートも、もちろんアイスクリームやかき氷も入れたいのに、全然入らないという話は、きっと多くの家電メーカーでも把握しているはずです。おそらく、メーカーの女性社員たちも「（同じ総容量でも）冷凍庫が大きいほうが使いやすい」という意見を出しているのではないかと推測します。けれど、その報告を聞いた男性の上司が、何気なく「それって、一般的にそうなの？」と返した瞬間に、貴重な意見はもみ消されることになります。たとえ、まったくそんなつもりがなかったとしても、です。

なぜなら、共感力が高い女性たちは、自分の意見に自信があったとしても「もしかしたら、個人的好みかもしれない」「まぁ、私は絶対使わないけれど、中には便利に使う人もいるかも」と思い直すのが普通ですので、自分の意見を押し通す人は少数派です。また、本書の中でも取り上げているように、徹底的な比較にあまり意味を見い出せない女性たちは、自分の意見を数字で証明する手間を嫌います。それに、女性たちには、あえて意見するメリットはどこにもないのです。そのため、何気ないひと言のダメージは、思っている以上に甚大な被害を及ぼします。

事実、わかったつもりでやるのが一番危険なのです。セミナー受講後の多くの男性のご感想は「女性に聞かないとまったくわからないことが、よくわかった」という、半ば諦めに近いものがほとんどです。けれど、わからないことがわかることは大きな一歩だと、私は思います。

一方で、多くの女性たちに「スッキリした！これまでモヤモヤしていたけれど、やっぱりそうだったんだ」と支持していただいたことが、さらに理論を深化させ、この本を書かせていただくための、一番の力になりました。「プリンセス・マーケティング」の理論がもっと広まることで、女性たちが、それぞれ置かれた場所で、もっと輝けることを願っています。

この本をヒントに、女性に「伝わりやすい」コミュニケーションが増え、必要な商品やサービスにより簡単にアクセスできるようになれば、私自身も一人の女性として、うれしく思います。この本が、もっと豊かで、楽しい未来のために少しでもお役に立てたなら幸いです。

２０１９年３月

株式会社グローアップマーケティング

代表取締役　谷本理恵子

参考文献

（敬称略、初版発行年順）

○『千の顔をもつ英雄〔新訳版〕上・下』
ジョーゼフ・キャンベル 著　倉田真木、斎藤静代、関根光宏 訳／ハヤカワ・ノンフィクション文庫／2015年

○『物語の法則 強い物語とキャラを作れるハリウッド式創作術』
クリストファー・ボグラー＆デイビッド・マッケナ 著　府川由美恵 訳／アスキー・メディアワークス／2013年

○『英雄の旅　ヒーローズ・ジャーニー　12のアーキタイプを知り、人生と世界を変える』
キャロル・S・ピアソン 著　鏡リュウジ 監訳　鈴木彩織 訳／実務教育出版／2013年

○『ザ・プレゼンテーション　人を動かすストーリーテリングの技法』
ナンシー・デュアルテ 著　中西真雄美 訳／ダイヤモンド社／2012年

○『ストーリー・ブランディング』ジム・シグレノリ 著／ダイレクト出版／2017年

○『SAVE THE CATの法則　本当に売れる脚本術』
ブレイク・スナイダー 著　菊池淳子 訳／フィルムアート社／2010年

○『新しい主人公の作り方　アーキタイプとシンボルで生み出す脚本術』
キム・ハドソン 著　シカ・マッケンジー 訳／フィルムアート社／2013年

○『ヒロインの旅　女性性から読み解く〈本当の自分〉と創造的な生き方』
モーリーン・マードック 著　シカ・マッケンジー 訳／フィルムアート社／2017年

○『女の機嫌の直し方』黒川伊保子 著／集英社インターナショナル新書／2017年

本書の
読者
サポート

本書の購読者限定！

無料動画を視聴いただけます！

本書の中で書き切れなかった
「女性に響く見せ方」のポイントを、動画にまとめました！

動画の閲覧方法

https://www.growup-marketing.co.jp/gift３/

上記のURLにアクセスしてください。

＼こんな疑問を解決します！／

実際の広告では、
どう使われる？

女性のお客様に
好かれる・嫌われる
商品説明のポイントは？

初回買ってくださった
お客様にリピートして
いただくには？

制作スタッフ

[装丁・本文デザイン]　赤松由香里（MdN Design）
[本文イラスト]　加藤淳一
[DTP]　芹川 宏
[制作協力]　伊藤友夏里（株式会社マジカルリミックス）

[編集長]　後藤憲司
[担当編集]　熊谷千春

プリンセス・マーケティング

「女性」の購買意欲をかき立てる7つの大原則

2019年 5月 1日　初版第 1 刷発行
2025年 5月12日　初版第12刷発行

[著者]　谷本理恵子
[発行人]　諸田泰明
[発行]　株式会社エムディエヌコーポレーション
〒101-0051　東京都千代田区神田神保町一丁目105番地
https://books.MdN.co.jp/
[発売]　株式会社インプレス
〒101-0051　東京都千代田区神田神保町一丁目105番地
[印刷・製本]　日経印刷株式会社

Printed in Japan

【カスタマーセンター】
造本には万全を期しておりますが、万一、落丁・乱丁などがございましたら、送料小社負担にてお取り替えいたします。お手数ですが、カスタマーセンターまでご返送ください。

落丁・乱丁本などのご返送先　〒101-0051　東京都千代田区神田神保町一丁目105番地
株式会社エムディエヌコーポレーション カスタマーセンター
TEL：03-4334-2915

書店・販売店のご注文受付　株式会社インプレス　受注センター
TEL：048-449-8040／FAX：048-449-8041

内容に関するお問い合わせ先
株式会社エムディエヌコーポレーション カスタマーセンター メール窓口
info@MdN.co.jp
本書の内容に関するご質問は、Eメールのみの受付となります。メールの件名は「プリンセス・マーケティング　質問係」とお書きください。電話やFAX、郵便でのご質問にはお答えできません。ご質問の内容によりましては、しばらくお時間をいただく場合がございます。また、本書の範囲を超えるご質問に関しましてはお答えいたしかねますので、あらかじめご了承ください。

ISBN978-4-8443-6836-6　C2034